GÜTERSLOHER
VERLAGSHAUS

Majella Lenzen

Von Fesseln befreit

Wie mir mein Glaube innere Freiheit schenkt

Gütersloher Verlagshaus

»Ich schreibe, um die Welt zu verstehen!«
Siegfried Lenz

»Das Unvorstellbare sichtbar zu machen,
das ist der Sinn der Literatur!«
Amoz Oz

»Die Kirche ... ist keine Hilfsorganisation, kein Unternehmen,
keine Nichtregierungsorganisation, sondern eine Gemeinschaft
von Menschen, ... welche die Botschaft des Heils,
das der Herr uns geschenkt hat,
weitergeben möchte.«
Papst Franziskus

»Es ist Gottes bedingungslose Liebe,
die mich bis heute trägt.«
Johannes 1,1-17

»Für alle
die ihrer inneren Stimme folgen
um frei gleich einem Vogel
ihre wahre Bestimmung zu leben.«
Majella Lenzen

Inhalt

Einleitung – Wenn alle schweigen 6

Das Alte zerbrach 11

Eine Frage der Berufung 19

Rückblick – Lüneburg 33

Missbrauch der Heiligkeit 48

Veränderung – im Fluss der Zeit 58

Übergang 78

Zeitzeichen 89

Das weibliche Element 102

Das Herz ist größer 118

Die Liebe entdeckt man, indem man liebt 130

Spurensuche 140

Das Pinguin-Vorbild 152

Dem Himmel näher als der Erde 167

Wie schön, dass es dich gibt 177

Zum Ausklang 189

Einleitung – Wenn alle schweigen

»Ist neben Ihnen noch frei?«, fragt eine freundliche Stimme und setzt sich auf den leeren Platz neben mir. Diese Höflichkeit empfinde ich als ungewöhnlich und lächele in mich hinein. Es gibt immer wieder Überraschungen. Das ist schön. Ich will entspannen und bin froh, dass meine Nachbarin einen Roman hervorzieht und zu lesen beginnt. Genau wie ich es meistens tat. Aber heute schien alles anders.

»Fahren Sie auch nach Köln?«, ist die nächste Frage. »Ich fahre einmal in der Woche zu meiner Tochter, dann kann sie ganztags arbeiten, und ich passe auf ihr Kind auf. Und Sie, fahren Sie auch nach Köln?« Ich bestätige das mit einem Nicken, und schon fährt sie fort: »Wissen Sie, einmal habe ich mich verfahren. Mit der S-Bahn sieht man die Einfahrt in den Hauptbahnhof nicht so deutlich, und ich verpasste den Ausstieg. Deshalb setze ich mich jetzt so, dass ich das Fließband mit der Auskunft im Blick habe.« Das also ist der Hintergrund für ihre Frage, ob noch frei sei. Ich will ihr sagen, dass ich sie gerne wecken könne, wenn sie ausruhen möchte, aber da beginnt bereits ein weiteres Gespräch. »Was machen Sie in Köln?« Ja, was mache ich dort? Schmunzelnd mustere ich die gesprächsbereite Dame neben mir. Sie wirkt sehr gepflegt, aber nicht betont geschminkt. Ihr dunkelbraunes Haar und der braunrot gehaltene Farbklang der Kleidung passen zu ihr. Sie ist mir auf Anhieb sympathisch. Also plaudere ich drauflos, und schon meint sie: «Ganz sicher habe ich Sie schon einmal in einer Fernsehsendung gesehen, oder?« Ich zähle einige auf und sehe ihre Zustimmung. »Das ist aber großartig, dass ich Sie jetzt auch persönlich erlebe. Ja, auch wir haben so einiges erlebt, das uns zutiefst erschütterte.«

Sie fährt fort, aus ihrem Leben zu erzählen und wie schwer es heute sei, sich finanziell über Wasser zu halten. Deshalb müsse ihre Tochter auch wieder arbeiten gehen. Sie und ihr Mann seien gut ausgebildet und liebten ihre Arbeit, aber das Haus, das sie auf Kredit gekauft hatten, müsse abgezahlt werden. Zudem fielen ständig unvorhergesehene Renovierungen an, und für passende Möbel sei auch kein Geld übrig. Deshalb helfe sie gerne. Wenigstens könne sie so zeigen, dass sie hinter ihrer Tochter steht. Was auf sie selbst zukomme, wenn ihr Mann im nächsten Jahr in Rente gehe, wisse sie noch nicht. Doch sei sie bereit, sich darauf einzulassen. Es würde ein neuer Abschnitt in ihrer beiden Leben sein.

Gott Dank könne sie sich auf ihren Mann verlassen, meint sie nachdenklich. Denn erst jetzt habe sie von ihrer Schwester erfahren, dass deren Mann sie schon lange betrog, und zwar mit einer 20 Jahre Jüngeren. Unfassbar! Da kann ich ihr nur zustimmen, obgleich mir als Eheloser und ehemaliger Ordensfrau eigentlich kein Kommentar in dieser Sache zusteht. Doch scheint das zum momentanen Zeitgeist zu gehören. Ich höre immer wieder von Ähnlichem. Aber warum habe ihre Schwester nur so lange geschwiegen? Meine Gesprächspartnerin ist ratlos. Standen sie sich nicht nahe? Oh ja, aber auch sie wolle eine heile Welt vorweisen können, deshalb sei sie stumm geblieben, ist die Antwort. Nun habe sie begonnen, sich eine neue Welt aufzubauen; sie lebe zwar bescheiden, sei aber finanziell unabhängig, und das mache sie glücklich, weiß ihre Schwester zu berichten. »Ich glaube, sie hat zu sich selbst gefunden; ich freue mich schon auf unser gemeinsames Wochenende, jetzt können wir uns wieder nah sein, so wie früher!«, höre ich neben mir. Wir lachen uns an. Ja, zu sich selbst finden, das scheint unser gemeinsames Losungswort zu sein.

Bevor wir aussteigen, gebe ich meiner Nachbarin einen Flyer, auf dem meine Homepage angegeben ist und der die beiden Bücher, die ich geschrieben habe, abbildet. Das erste über die Missionsarbeit in Afrika, das zweite über die Widereingliederung in die zivile Gesellschaft als ehemalige Nonne. Auf dem Flyer steht in Großbuchstaben: »Wenn alle schweigen, wird sich nie etwas ändern«. »Haben Sie das gesagt?«, fragt sie mich jetzt nachdenklich. »Ja, das gehört zu meinem Motto. Wir alle müssen lernen, zu unserer inneren Wahrheit zu finden und mutig daraus zu leben. Erst dann sind wir authentisch und finden Heilung. Das ist meine persönliche Erfahrung. Deshalb treffe ich mich jetzt mit einem Journalisten!« »Ich freue mich Sie kennengelernt zu haben. Ihre Bücher werde ich mir kaufen.« Lachend drücken wir uns auf dem Bahnsteig die Hand, und jede geht weiter auf ihrem je eigenen Weg.

Da ich mich im Kölner Straßenlabyrinth schnell verlaufe, muss ich mir auf dem Rückweg die Richtung erfragen. Dabei begegne ich den unterschiedlichsten Menschen. Soll ich nach dem Wahrzeichen Kölns, dem Dom, fragen oder gleich nach dem Kölner Hauptbahnhof, denn da will ich ja hin? Da ich als Erstes einen Muslim treffe, frage ich nach dem Bahnhof. Dabei werde ich mir meiner zwiespältigen Gefühle bewusst. Bin ich nicht mehr bereit, meinen Glauben zu bekennen? Als Ordensfrau in Tracht hätte man mich sofort mit der Kirche in Bezug gebracht, heute, als normal gekleidete Passantin gehe ich in der Menge unter. Ich bin eine von Hunderten, ja Tausenden, und niemand fragt danach, wer ich als Mensch bin. Oder doch?

Auf meinem Jahreskalender stehen die auffordernden Worte: »Habe den Mut, der Stimme deines Herzens zu folgen!« Und bereits Friedrich Nietzsche sagte dazu: »Geh deinen Weg. Es gibt in der Welt einen einzigen Weg, den niemand gehen kann außer dir: wohin er führt? Frage nicht, gehe ihn.« In der Bibel steht es nicht anders, denn »Gott hat den Menschen als Mann und Frau – einzigartig – nach seinem Ebenbild geschaffen.« (Genesis 1,27) Oder »Fürchte dich nicht, denn ich habe dich ausgelöst, ich habe dich beim Namen gerufen, du gehörst mir.« (Jesaja 43,1) Das sind Leitbilder, die mich heute bewegen und anspornen, diesen Weg auch mit anderen zu teilen.

Dennoch – ich möchte zwar, merke jedoch, wie ich gleichzeitig in mir gefangen bin. Irgendetwas hält mich zurück. Wovor habe ich Angst? Und zwar so sehr, dass sich meine Gedanken einengen, wie im Kreis einander jagen und den Blick nicht zu einer klaren Sicht freigeben. Es gibt keine Ordens-Oberinnen mehr, die mir verbieten können, meine Meinung auszusprechen. Ich habe auch keinen Arbeitgeber, vor dem ich Angst haben müsste. Ich kann es wagen, Anstoß zu geben und zu persönlicher Stellungnahme zu provozieren. Ob sich dann meine Freunde stärker von mir abwenden? Die mächtige Kirche ist mir sicher noch weniger gewogen, wenn ich noch deutlicher ausspreche, was mir innerlich weh tut und was ich heute noch weniger verstehe. Scheue ich deshalb davor zurück? Oder ist mein Mut noch nicht genügend gewachsen? Ist die Pflanze des Vertrauens in die eigene Kraft noch so klein, dass jedweder Windstoß sie vernichten könnte? Das finde ich nur heraus, wenn ich mich selbst teste und weitermache. »Der Weg entsteht beim Gehen«, heißt es klugerweise. Das bedeutet: aufzubrechen. Pilgern ist in der Kirche bekannt. Das ist erlaubt. Es soll helfen, unsere Grenzen zu erproben. Wir gehen dabei zielstrebig voran, treffen andere Weggenossen auf unserer Reise, bleiben aber frei, ohne Bindung, und kehren schließlich an unser Ausgangsziel zurück. Meistens als anderer, erneuerter Mensch.

Beim flüchtigen Blick aus dem fahrenden Zug erspähe ich leuchtend roten Klatschmohn zwischen den Gleisen. Da gehört er sicher nicht hin, aber er fasziniert in seiner Strahlkraft. So ist es bisweilen auch mit unseren Wünschen. Sie fallen auf einen Boden, der gar nicht für sie gedacht ist. Doch wenn sie zu blühen beginnen, ist ihr Leuchten nicht zu übersehen.

Das Alte zerbrach

»So spricht der Herr: Denkt nicht mehr an das, was früher war; auf das was vergangen ist, sollt ihr nicht achten. Seht her, nun mache ich etwas Neues. Schon kommt es zum Vorschein, merkt ihr es nicht?« (Jesaja 43, 18)

Schweißtriefend sitze ich am PC und frage mich, wie ich das früher – während meiner Afrika-Zeit – ausgehalten habe. Zugegeben, da war ich jünger. Aber selbst die Jahre in der Aids-Arbeit in der Nähe des Äquators am Kilimandscharo habe ich so heiß nicht in Erinnerung. Vor zehn Jahren war ich zum letzten Mal dort und konnte den Berg meiner Träume durch die wandernden Wolkenfetzen erspähen, lange bevor er die volle Sicht auf sein weißgekröntes Haupt preisgab. Dabei wurde es mir wieder warm ums Herz; ich fühlte mich wie daheim.

Warum diese Träumerei? Weil der jetzige Hochsommer mich unbarmherzig an das erinnert, was einmal der Sinn meines Lebens zu sein schien. Denn als Missionsschwester war ich mit Begeisterung, unermüdlich, 33 Jahre lang in Afrika tätig. Bis mir von meiner damaligen Generaloberin (aus Rom) in unverblümten Worten knallhart gesagt wurde, dass es für mich »keine Verwendung« mehr gebe. Weder auf meinem derzeitigen Posten als Aids-Koordinatorin in Tansania noch als Mitglied meiner Ordensgemeinschaft, der ich mittlerweile 40 Jahre lang angehört hatte. Unglaublich! Ihre Position kann mit der eines Chefs mit internationalen Verbindungen verglichen werden, denn sie hat den Überblick über die Tätigkeit ihrer annähernd 900 Mitglieder in Europa, Afrika, den USA/Kanada, Korea und Indonesien. »Keine Verwendung«, diese Worte trafen mich wie ein Blitzschlag. Ungeschützt, unvorbereitet, wie betäubend. Ich fühlte mich wie gelähmt.

Als ich im vergangenen Monat nach Geschäftsschluss beschwingten Schrittes auf dem Weg zu meinem Auto war, erlebte ich etwas Vergleichbares. Ein jugendlicher Fahrradfahrer riss mich in heftigem Zusammenstoß zu Boden, auf dem Fußweg. Ohne Vorwarnung schlug ich in voller Länge auf den Asphalt. Der Aufprall am Hinterkopf war das Schlimmste. Da lag ich, wie zusammengeschlagen, hilflos, und versuchte, meinen Kopf zu halten. Hochheben konnte ich ihn nicht mehr. Gekrümmt, erschrocken, voller Schmerzen, wurde ich plötzlich angesprochen. Da sah ich neben mir die weiße Uniform eines Sanitäters, der sich zu mir gekniet hatte und beruhigend auf mich einredete, während er professionell – wie es mir durch den Kopf schoss – blaue Handschuhe überzog. Kaum zu glauben, aber ein Ambulanzwagen war »zufällig« vorbeigefahren, hatte den Zusammenstoß beobachtet und bot sofort tatkräftige Hilfe an. Was für ein Geschenk. Sie zogen mir eine Halskrause an, legten mich auf eine Trage und fuhren mich ins Krankenhaus. Ich nahm es in tiefer Dankbarkeit wahr. Dennoch kam ich lange nicht zur Ruhe.

Innerlich verfolgte mich dieser Stoß, der mich zu Boden gerissen hatte. Nicht nur in der Nacht im Krankenhaus, auch danach. Wiederholt zuckte ich zusammen, wenn Freunde mich von hinten unerwartet begrüßen wollten. Erstaunt, ja erschrocken registrierte ich diese Reaktion. Wenn mein Gedächtnis diesen Unfall, der in Sekundenschnelle passiert war, so tief gespeichert hatte, wie viel stärker mussten andere Schocktraumata in mir gelagert sein, die nicht primär den Körper, sondern die Seele und das Gemüt verletzen. Wie zum Beispiel den oben genannten Identitätsverlust.

Bereits vor über 100 Jahren schrieb der Dichter Rainer Maria Rilke: »Wenn etwas von uns fortgenommen wird, womit wir tief und wunderbar zusammenhängen, so ist viel von uns selber mit fortgenommen. Gott aber will, dass wir uns wiederfinden, reicher um alles Verlorene und vermehrt um jeden unendlichen Schmerz.«

Das Trauma meines Lebens war diese verletzende Beurteilung meiner höchsten Vorgesetzten, die zwei Jahre später die Entlassung aus dem Orden durch das offizielle Schreiben aus dem Vatikan zur Folge hatte. Das war im Oktober 1995 kurz vor meinem 58sten Geburtstag. Durch dieses Indult war meine Berufung als Ordensfrau hinfällig geworden, und meine Aufgabe als kirchliche »Entwicklungshelferin« konnte ich auch nicht mehr ausüben. Nicht nur die finanzielle Demütigung durch niedrige Beiträge zur Renteneinzahlung war ein Schock. Noch schlimmer war das Ausgestoßensein aus der Lebensgemeinschaft, zu der ich seit meinem 15. Lebensjahr gehört hatte. Ich schien vernichtet, ausgelöscht, unfähig, weiterzuleben. Und das auch noch – zynischerweise – freiwillig. Denn die Aufhebung meiner Gelübde musste ich persönlich, schriftlich, vom Papst erbitten. Nicht freiwillig, sondern gezwungenermaßen, sollte es um der Gerechtigkeit willen heißen. Aber selbst bei der Institution Kirche geht es vordergründig häufig um rechtliche Belange.

Dass ich um der Kondome willen, die durch meine Mithilfe an Prostituierte in einem Armenviertel ausgeteilt wurden, meine Arbeit niederlegen musste, macht mich eher stolz. Doch gleichzeitig öffnete mir diese Tatsache die Augen für die enge Sichtweise der kirchlichen Ordnungshüter, sodass ich mutig mein bisheriges Zögern und meine Furcht überwand und mich der Situation stellte. In der Vergangenheit waren all meine Versuche, unser Ordensleben in angemessener Weise den vorgegebenen Verhältnissen anzupassen wie z. B. der Abgeschlossenheit des 100 Kilometer von der nächsten Stadt entfernt liegenden Tropen-Hospitals oder dem partnerschaftlichen Miteinander mit den afrikanischen Mitschwestern, in den Wind geschlagen worden. Obgleich ich um vertiefte, aber zeitgemäße Spiritualität und um ehrlichen Dialog auf allen Ebenen gerungen hatte. Jetzt stand ich selbst vor der größten Herausforderung meines Lebens, vor dem Scherbenhaufen meiner eigenen Existenz. Es war einem Tod vergleichbar, denn äußerlich war mir nichts mehr von dem geblieben, was mich als Schwester Lauda gekennzeichnet hatte.

Das sichtbare Zeichen des Ordenskleides, den Habit, den Schleier, das Brustkreuz an der roten Kordel, musste ich ablegen. Dieses Statussymbol galt nur für Mitglieder; ich war ausgeschlossen. Mein Schwesternname, unter dem ich bekannt war, auf den ich hörte und der zugleich mein Motto beinhaltete, er war nichtig geworden. Schwester Lauda, die zu Gottes Ehre leben wollte, gab es so nicht mehr. Sie war tot, gestorben. Doch mein Verstand konnte es nicht fassen. Ich befand mich wie in einer Art Koma, in dem ich zwar alles wahrnahm, aber nicht wirklich verstand. Eine Taubheit erfasste meinen Körper, aber noch mehr meine Seele. Funktionieren, das hatte ich schon immer gekonnt, und das klappte auch jetzt. Innerlich hatte ich mich abgekapselt. Fühlen war tabu. Gefühle nur bedingt auszudrücken, das hatte ich im Kloster gelernt. Jetzt war es wie ein unbewusster Selbstschutz. Der Schmerz des Verlustes hätte mich buchstäblich umgebracht.

Als erstes war ich zu meiner Mutter gekommen, um ihr, die gerade 81 Jahre alt geworden war, in ihrer Krankheit zu helfen. Als wir wegen ihres Krebses um ihr Leben bangen mussten, kämpfte ich um das ihre und, unterschwellig, auch um das meine. Denn unser beider Leben schien in dieser Zeit der Loslösung vom fest strukturierten Ordensleben und dem Ertasten eines normalen bürgerlichen Lebens unausweichlich miteinander verbunden. Meine Mutter hatte mich nicht nur bei meiner Geburt der Lebenswirklichkeit geschenkt, sie stand auch jetzt Pate an der Wiege zu meinem neuen Leben. Sie war nicht nur bereit, alles, was sie besaß, mit mir zu teilen, sondern für mich und mit mir zu kämpfen. Unbeirrt glaubte sie an mich. »Meine Liebe! Sei mutig im Schutze Gottes! Ich liebe Dich.« Diese kurze Notiz, die sie mir einmal lächelnd als «Reiseproviant« zusteckte, führe ich mir noch immer vor Augen, wenn ich Gefahr laufe, mich ängstlich zu verstecken.

Äußerlich war der Wandel schnell vollzogen. Ich passte mich den zivilen Gegebenheiten an: mit Haarschnitt, Kleidung, Sprache und den täglichen Lebensnotwendigkeiten. Meine Mutter führte mich gewissermaßen in die Gesellschaft ein, in dem sie mich in ihre Geschäfte oder Cafés mitnahm und mich beriet. Schnell wurde meine Geschichte bekannt. Aber es machte den Neuanfang nicht leichter. Ich fühlte mich eher be-, ja gefangen in dieser neuen Welt. Die notwendige Arbeitssuche blieb erfolglos in Bezug auf eine

Festeinstellung, half jedoch meiner besseren Integration in den hiesigen Alltag. Es war eine Herausforderung, wenn ich z. B. frühmorgens den Zug nach Leverkusen nahm und erst abends wieder zurückkam. Den Weg zum Bahnhof legte ich in je 30-minütigem Fußweg zurück, um Geld zu sparen. Arbeiten war ich gewohnt, dadurch hatte ich das Gefühl, doch noch zu etwas nütze zu sein. Für meine Mutter war es jedoch eine Belastung, weil ich tagsüber nicht für sie da sein konnte. Und wenn ich heimkam, war ich ausgelaugt, konnte es aber nicht zugeben. Schon wieder zu versagen, wollte ich mir nicht »leisten«. Doch dann kam der Moment, an dem ich merkte, dass wieder über mich statt mit mir geredet wurde. Es war, als sei ich ein Schulkind. Jetzt ließ ich das nicht mehr zu. Ich entkräftete die Kritik und brach mein Arbeitsverhältnis ab. Doch traf mich dieses Erlebnis genauso wie früher, als versuchte ich eine Rechtfertigung vor meiner ehemaligen Oberin im Kloster. Das war jedoch Vergangenheit. Ich war im Recht und wollte den alten Mustern nicht wieder Raum geben. Kurz darauf griff mit Anerkennung meiner Schwerbehinderung auch die Erwerbsunfähigkeitsrente, und dieses Kapitel war abgeschlossen. Noch rechtzeitig, bevor ich physisch wieder vollkommen am Ende war.

Was hatte der Verlust meiner klösterlichen Rolle in mir bewirkt? Ich fühlte mich ausgestoßen. Selbst einen Gang in die Kirche erlebte ich mit Unbehagen, denn ich war ja eine »Abtrünnige, die ihrem Versprechen vor Gott und der Gemeinschaft nicht nachgekommen war.« Im Kampf um eine bessere Altersrente waren kränkende Worte gefallen. Wenn ich zufällig frühere Mitschwestern traf, erlebte ich deutliche Distanz. Dass die Zeit allein Wunden heilt, bezweifle ich sehr. Mir war, als wäre das Todesurteil einer unheilbaren Krankheit über mich ausgesprochen worden. So, als sei ich vom Aussatz befallen, wie ich ihn bei den Patienten des Lepra-Camps in Chazi, Morogoro, erlebt hatte. Damals kostete es mich Überwindung, wenn ich den jungen Müttern die verstümmelten Hände drückte, ihre übel riechenden Wunden roch und den Blick ihrer entstellten Gesichter voll Anteilnahme und Herzlichkeit zu erwidern versuchte. Ich sah es jedoch als meine selbstverständliche Christenpflicht und nahm jede dieser Gelegenheiten bewusst wahr. Aber – jetzt war ich selbst in der Rolle derer, die das Stigma gezeichnet hatte.

Zunächst konnte ich absolut nicht damit umgehen. Mir fehlte jedes Vertrauen. Nicht nur in Gott und »seine Diener«, sondern in mich selbst. Das war wohl die schlimmste Erfahrung. Obgleich für mich, bei meiner Vergangenheit, beides eng zusammenhängt. Meine ganze Identität war auf diese besondere Berufung als »Braut Christi« aufgebaut. Gottes- und Nächstenliebe, das waren die Pfeiler des Ordenslebens gewesen. Als sie weggebrochen waren, schwand mein Fundament. Ich stürzte in eine ungeahnte Tiefe. Erschrocken, entsetzt und sprachlos, denn »wie es da drinnen aussieht, geht niemand was an« (wie es in der bekannten Operette von Franz Lehar heißt).

Während dieser Phase meines Selbstfindungsprozesses malte ich ein Bild. In lebendigen Farben zeigt es ein aufgewühltes Meer. Auf der größten Welle, im Vordergrund, in dunklem Violett, lässt sich ein Menschlein (ich) von ihr treiben, wird aber eigenartigerweise gleichzeitig von ihr getragen. Der Horizont deutet in weichen Pastellfarben den

Das Alte zerbrach

neuen Tag an; wie eine zukunftsweisende Vorausschau. Aber noch war ich nicht soweit. Nur mühsam lernte ich, dass ich auch außerhalb des Ordens, in der mich umgebenden Gesellschaft, eine Rolle spielen konnte und, gegen meine Erwartungen, angenommen wurde.

Eine Frage der Berufung

Unterschwellig setze ich mich weiter mit dem Thema des Berufes oder der Berufung auseinander. Zum einen, weil ich während meines aktiven Berufslebens in Afrika als Krankenschwester die Leitung eines Missionskrankenhauses in Tansania übernommen hatte, aber ebenso, weil ich als Ordensfrau die Leitung einer Ordensprovinz in Simbabwe ausübte. Als wir während eines Gottesdienstes dazu eingeladen wurden, das »Testament Christi« anzunehmen und uns von den Worten Jesu »liebet einander wie ich euch geliebt habe, ... um so Zeugnis von der göttlichen Liebe zu geben« berühren zu lassen, horchte ich neu auf. Diese Einladung geht an alle Christen und es gilt für uns alle, dieses »Testament« in unserem Alltagsleben umzusetzen, als ein Zeichen der gegenseitigen Wertschätzung. Indem ich durch den Respekt, den ich meinem Gegenüber entgegenbringe, zeige, dass ich es annehme, ihm gut sein möchte, kann das wie ein Stück »vorweggenommenem Himmel« erlebt werden. Dadurch entsteht eine Art Zweisamkeit, die beiden Seiten ermöglicht, im Austausch miteinander zu wachsen.

Dazu fällt mir eine Seniorin »aus meinem früheren Leben« ein, die als Patientin bei uns im Buschhospital in Tansania weilte, bevor sie nach Europa in Heimaturlaub fuhr. Sie genoss die Gesprächsrunden nach den Abendmahlzeiten, wenn wir uns Zeit nahmen, den Erinnerungen aus ihrem Missionsleben zuzuhören. Sie erzählte humorvoll und mit wachem Geist, wie sie z. B. mühsam die Sprache der »Eingeborenen« lernte, indem diese etwas vorsprachen und gleichzeitig demonstrierten. Dadurch sprang sie über einen kleinen Bach, weil »ruka« die Aufforderung zum Springen und nicht das Swahili-Wort für Bach war. Wir lachten herzlich über diese »jugendlichen« Anfänge, die uns erspart geblieben waren. Unsere Pionierin nahm ebenso gerne an unseren Sorgen teil, die vom schwülheißen Alltagsstress eines Krankenhausbetriebes geprägt waren. Wir fühlten uns verbunden, gegenseitig angenommen, ja getragen. Sie meinte deshalb: »Das ist ja wie eine Vorahnung des Himmels«. Zurück in Europa tat sie dann diesen weiteren letzten Schritt – der endgültigen Umwandlung – in die Ewige Heimat und starb.

Wenn so die Berufung aussieht, die an alle Christen, ja an alle »Menschen guten Willens« geht, wie steht es dann mit denen, die im kirchlichen Sinne »von Gott berufen« sind? Dazu sagt eine Broschüre aus dem Bistum Aachen: »Beim Ordensstand handelt es sich im eigentlichen Sinne nicht um einen Beruf, sondern um eine Berufung. Frauen und Männer, die dem Beispiel Jesu als Ordensleute in einem gottgeweihten Leben folgen, leben arm, ehelos und gehorsam. Zu dieser Lebensweise verpflichten sie sich in den Gelübden und geben ... Zeugnis für ein radikales Leben nach dem Evangelium, für eine tiefe persönliche Beziehung zu Christus, für ein Leben in Gemeinschaft und für den Dienst in der Kirche.« Was für eine Herausforderung. Da tun die unterstützenden Worte des Psalmisten gut:

»Höre, Tochter, sieh her und neige dein Ohr,
vergiss dein Volk und dein Vaterhaus!
Der König verlangt nach deiner Schönheit;
Er ist ja dein Herr, verneig dich vor ihm.
Die Königstochter ist herrlich geschmückt,
ihr Gewand ist durchwirkt mit Gold und Perlen.

*Man geleitet sie mit Freude und Jubel,
sie ziehen ein in den Palast des Königs.«
(Psalm 45,11-12,14-16)*

Oder:

*»So spricht der Herr: Freut euch und jubelt!
Euer Lohn im Himmel wird groß sein.«
(Lukas 6, 23)*

Das klingt verlockend. Und in manch schwerer Stunde haben sich die »Bräute Christi« sicher an diesen kunstvoll trostreichen Versprechungen aufgerichtet. Aber wie sieht die gelebte Realität aus? Könnten wir einen flüchtigen Blick hinter die Klostermauern einer noch zahlenstarken Gemeinschaft werfen, sagen wir mit zirka 50 Mitgliedern, so wäre die Mehrzahl dieser Schwestern um 70 und 80. Alle, die es irgendwie können, nehmen regelmäßig an den Gebetszeiten und ebenso an den Mahlzeiten teil und fühlen sich nicht nur verpflichtet, überall wo nötig, mit- oder auszuhelfen, sondern sie werden auch tatsächlich in der Waschküche und beim Bügeln eingesetzt. Bei größeren häuslichen Betrieben mit Landwirtschaft und Klostergärtnerei oder Gaststätte sind diese verpachtet und werden jetzt nicht mehr von Schwestern, sondern einem Verwalter beaufsichtigt. Meistens hat die Hausoberin auch nicht genügend Kenntnisse, sodass die finanzielle Aufsicht in den Händen der Laien ist. Denn die wenigsten Schwestern sind für die administrativen Aufgaben, die sie irgendwann übernommen haben, auch ausgebildet worden. Wenn sie sich nicht klug beraten ließen, ist es unumgänglich, dass das Ganze aus dem Ruder läuft, zum Schmerz der wenigen verkannten Seniorinnen, die reiche Erfahrung erworben haben und diese talentiert einzusetzen wussten. Doch wurden sie ständig von der lautstarken Gruppe der »Ja-Sager« verdrängt. Manche tun weiter so, als sei alles gut, grämen sich aber im Stillen. Andere wehren sich innerlich, fühlen sich aber im System gefangen. Wenn es, wie ich hörte, z. B. offensichtlich ist, dass den Schwestern täglich ein mageres Essen als Kost vorgesetzt wird und dazu noch gesagt wird, dass nicht mehr Geld zur Verfügung steht, dann ist das in meinen Augen ein erbärmliches Armutszeugnis. Hier in der freien Wirtschaft wehrt sich vielleicht einmal ein Angehöriger, wenn Ähnliches in einem Seniorenheim passiert. Im Kloster dagegen sind die Schwestern »dazu bestimmt zu sühnen!« (denn so wurde es uns einmal im Noviziat beigebracht). Die wenigsten wagen hinzuschauen.

Bei einem Tebartz-van Elst heißt es bis heute, dass doch irgendjemand das mitbekommen haben müsste. Stimmt das? Wenn ja, dann hatte dieser Jemand keine Macht und Möglichkeit, etwas dagegen zu tun. So läuft das im System – so kann es unter dem Deckmantel der Berufung versteckt werden, weil die Parameter, mit denen gemessen wird, anders aussehen.

Eine weitere Feststellung kam mir durch das Buch und den gleichnamigen Film von Martin Sixsmith mit dem Titel »Philomena«. Auch hier brachten mir die Parallelen zum Thema der Berufung im Ordensleben diese auf beklemmende Weise nochmals nahe. Ich erschrak. Das hatte ich früher gar nicht zu denken gewagt. Zum Beispiel horchte ich auf, als es hieß, dass die Nonnen sich der unehelich geborenen Kinder ihrer Schützlinge bemächtigten und diese ungefragt zur Adoption in ein fremdes Land freigaben. In meinen Augen kam das einer Enteignung gleich. Denn ihr eigentlicher Name (der der leiblichen Mutter) wurde verheimlicht, um ihre Identität zu verbergen. Sie wurden frisch eingekleidet und hatten sich in allem der neuen Familie in einem unbekannten Land anzupassen. Sie bekamen einen neuen Vater und eine neue Mutter. Und das Wesentliche – das wahre Selbst, das aus der Wurzel der Ursprungfamilie erwächst – wurde dadurch unkenntlich gemacht.

Es bedurfte des Anstoßes anderer Ehemaliger, dass ich die Parallelen wahrnehmen konnte. Ich war so erschrocken, dass es mich schmerzte. Im Kloster war es wohl unmöglich gewesen, ja fast verboten, solchen Gedankengängen nachzugehen. Jetzt wollte und konnte ich mich ihnen stellen. Denn beim Eintritt in den Orden wurde auch uns der »weltliche« Name genommen. Der Ordensname und das Ordenskleid sollten symbolisieren, dass ein neuer Mensch – in Christus – angelegt worden war. Dennoch kam es einer Enteignung gleich, weil ein Mensch nicht »ausgelöscht« werden kann, indem ihm der Name genommen und er durch eine uniformierte Kleidung mit allen anderen seiner Gemeinschaft gleichgestellt wird. Aber noch schlimmer war die Negierung des eigenen Ich, indem immer nur in der Wir-Form gesprochen werden durfte. Nicht ich besaß etwas, sondern fragte meine Nachbarin nach »unserem« Bleistift! »Unser« Kleid war schmutzig geworden und musste in die Wäsche etc. Dieses Kollektiv im Ausdruck verstärkte die Enteignung in einem Maße, das die eigene Identität auszulöschen drohte. Dass dieses bewusst geschah, wage ich nicht zu behaupten, möglich wäre es jedoch. Ein provokanter Denkanstoß?

Der Kontakt zur Herkunftsfamilie wurde auf ein Minimum reduziert und gleichzeitig durch Briefzensur kontrolliert. Kein Wort durfte aus dem Kloster dringen, das nicht vorher geprüft wurde. Nichts Negatives sollte an die Öffentlichkeit dringen. Es sollte kein Schaden genommen werden, auch wenn die Einzelne darunter litt, weil sie sich verstellen musste, weil sie früh lernte, nicht die »ganze Wahrheit« auszusprechen und somit dazu beitrug, »das Heilige« der Institution aufrechtzuhalten. Der äußere Schein wurde gewahrt, und – so wage ich es zu sagen – das bis heute. Auch hier gilt – wie in der altbekannten Operette von Franz Lehar: »Doch wie's drinnen aussieht, das geht keinen was an!« Gefühle wurden unterdrückt, der wahre Mensch oder das echte Menschsein blieb auf der Strecke.

Auch wenn sich im Laufe der Zeit einiges geändert hat und heute wahrscheinlich der Besitz von Handys (wegen der Erreichbarkeit etc.) hilft, diese Art von Kontrolle zu durchbrechen, so bleibt die ursprüngliche Idee der Enteignung bestehen. Denn dem einzelnen Mitglied wird die ureigene Identifikation mit sich selbst genommen. Die Eigenwertschätzung wird durch vielfältige »Schikane« heruntergesetzt. Alles darf nur der Ehre Gottes dienen. Eitelkeit und Eigenlob werden so stark verpönt, dass ein gesundes Maß an Selbstwert erst gar nicht aufgebaut werden kann. Lebendige Kreativität wird gedrosselt, nicht nur, weil der Spielraum fehlt, sondern weil irrsinnige Gebote unter dem Deckmantel des Gehorsams sie zerstört.

Eigenverantwortung ist zwar eine unabdingbare Komponente im Berufsleben, aber im Klosteralltag wird diese nur daran bemessen, wie regeltreu die Einzelne sich an die

Richtlinien ihrer Satzung gehalten hat. Denn in »der neuen Familie«, so wie bei den Adoptiveltern, gibt es wiederum einen Vater (Abt) oder eine Mutter (Oberin), die glauben, genau wie beim heranwachsenden Kind, die Verantwortung übernehmen zu müssen. Zwar sollen sie auf die Stimme Gottes horchen und gemeinsam mit dem »Untergebenen« erkunden, was z. B. beim Berufswunsch oder einer Versetzung für die Einzelne das jeweils Beste ist (so auch St. Benedikt vor ca. 1.500 Jahren), aber das Resultat sieht allzu oft nach menschlichem Kalkül aus. In dialogischem Gespräch zu sein bedeutet, einander als gleichwertige und gleichrangige Mitmenschen zu begegnen. Heute spricht man von Augenhöhe, obgleich die auch nicht immer passend ist, wenn es rein auf die äußere Gestalt ankäme.

Durch das Gehorsamsversprechen bindet sich die Einzelne im Orden eben nicht nur an Gott, sondern genauso an Menschen. Und wenn das Obrigkeitsverhältnis so stark ausgeprägt ist, dass die eigene Persönlichkeit ständig unterdrückt werden muss, um in diesem System zu bestehen, so macht dieses Zugeständnis auf Dauer krank. Nicht nur seelisch, sondern auch körperlich, denn beide, Seele und Leib, müssen in Harmonie zueinander stehen, um heil zu sein und heil zu bleiben. Auch hier weicht die Realität oft vom Wunschdenken ab. Wer nichts zu melden hat, kann seine eigenen Baustellen nicht einordnen und versucht dann, auf fast absurde Weise, wie zum Beispiel durch Magersucht, darauf aufmerksam zu machen, dass er bzw. sie eigentlich so nicht mehr existieren kann. Das habe ich selbst einmal »unbewusst« getan und kenne mehrere, die dadurch letztendlich erst den Absprung aus dem für sie unmöglichen Ordensleben wagten.

Ähnliche Abhängigkeiten werden beim Blick auf die weiteren Gelübde deutlich. Dadurch, dass der Einzelnen nichts persönlich gehört, erlernt sie auch nicht den Umgang mit Besitz und Geld. Ja, sie bekommt noch nicht einmal die Möglichkeit, sich zwischen dem zu entscheiden, was sie gerne hätte oder schöner findet und dem, was zum Beispiel praktischer ist. Sie besitzt auch kein Taschengeld, um das im Kleinen zu üben.

Und wie steht es um die Ordenstracht? Tagtäglich ist es immer das Gleiche, entweder Schwarz, Weiß oder Grau, zusammen mit dem Brustkreuz an der roten Kordel. Wie schmücke ich mich als Frau? Tabu. Aber die Männer am Altar oder bei höheren Weihen tragen aufwendige Talare in leuchtendem Rot oder Violett, mit Gold bestickt, oder der jeweiligen liturgischen Farbe. Uns fehlte die Freiheit der Wahl, durch die wir uns in diesen Geist der Besitzlosigkeit einüben konnten, um in unserer Persönlichkeit zu reifen. Heute tragen Ordensleute zum Teil zivile Kleidung. Ich wünsche ihnen, dass es ihnen hilft, den Geist der Gelübde freier in die Tat umzusetzen.

Ich spreche weiter von »uns«, nicht in dem Wir-Kollektiv, sondern von dem System der Ordensgemeinschaft, zu der ich gehörte und aus der ich mich auch gar nicht ganz befreien könnte. Ich wollte es ja gar nicht. Ich träumte immer noch davon, auch in meinem Orden ein eigenständig denkender und spirituell tiefgläubiger Mensch sein zu können. Deshalb habe ich so lange mit mir gerungen. Deshalb habe ich alle diese »Niederlagen und Auseinandersetzungen« erduldet, weil ich glaubte, den tieferen Sinn des Lebens unter oder mit den Gelübden nicht wirklich verstanden zu haben.

Allmählich beginnt ein Umdenken bei mir. Denn Gott kann mir doch nicht die Gaben meines Verstandes gegeben oder die erlernten Fähigkeiten und Erfahrungen in meinem Beruf, dass ich sie den manchmal fragwürdigen Mahnungen und Forderungen einer Oberin unterstelle, selbst wenn es z.B. um rein fachliche oder berufliche Aspekte geht.

Daran erinnerte mich ein holländischer Arzt, als wir uns nach ungefähr 40 Jahren wieder trafen. »Du warst nicht da, und die einzige Schwester, die ausgezeichnet für den Operationssaal ausgebildet war und Narkose geben konnte, war die holländische Krankenschwester, die jedoch von der Hausoberin dazu verdonnert worden war, den Zementboden in der Küche zu putzen. Selbstverständlich holte ich sie da raus!« Nur ein Beispiel, das mir durch diesen Besuch wieder in Erinnerung gebracht wurde. Denn es war klar, dass solche alltäglichen Dienstleistungen grundsätzlich von einfachem afrikanischem Personal durchgeführt wurden. Es handelte sich somit bei der Beschäftigung der OP-Schwester um eine »Bußübung«.

Falsch verstandene »Regeltreue« wird man heute kopfschüttelnd bemerken. Ja, aber ... das ist das Basisverständnis, das »unserer« Berufung zugrunde lag. Denn das Ordensleben zielt auf den Dienst an Gott hin. ER hat immer oberste Priorität. Unter diesem Deckmantel kann vieles versteckt werden. Auch eigene Fehler und Unzulänglichkeiten.

Genau so steht es um die Kirche. Sie sieht sich unter Gottes Mandat geschützt, dem gleichen, das es ihr auch erlaubte, vor ca. 100 Jahren die Soldaten, die in den Krieg zogen, zu segnen und ebenso ihre Waffen, die zum Einsatz der Verteidigung, aber eben auch des Tötens dienten. Beide, Kirche und Orden, leiden heute unter Mitgliederschwund.

Eine Frage der Berufung

Wahrscheinlich ist die Wurzel des Übels nicht der sogenannte schwindende Glaube in der Gesellschaft, sondern die fehlende Anpassung an unsere Zeit. Und die klare Stellungnahme zu dem, was in der Vergangenheit offensichtlich falsch war. Was Menschen verletzte, traumatisierte, an den Rand der Verzweiflung brachte oder sogar in den Tod trieb. Von dem bedeutenden Theologen Karl Rahner heißt es, dass er die Maxime formuliert hat: »Glauben heißt die Unbegreiflichkeit Gottes ein Leben lang auszuhalten.« Denn Gott hat uns einen freien Willen geschenkt, und ER lässt das Unkraut mit dem Weizen wachsen; das ist Trost und Aufforderung zugleich. »Man könnte auch sagen, dass sich die kirchlichen Systeme, wie der Orden, konserviert haben«, meint eine Ehemalige. Sie bleiben in sich verschlossen, wissen gar nicht, was draußen in der Gesellschaft los ist, sind aber mit sich und ihrem Ist-Zustand zufrieden. Äußerlich sehen sie sogar schön aus, eben konserviert.

Die Heiligtumsfahrt 2014 in Aachen, die nur alle sieben Jahre erfolgt, war für mich etwas Besonderes, denn ich war zum allerersten Mal dabei. Eine Gruppe Frauen nahm mich mit. So war ich also nicht allein. Aber es war nicht nur der Tag der Senioren, an dem wir teilnahmen, sondern auch der der Ordensleute. 360 sollten anwesend sein, wurde verkündet. Ich war wie elektrisiert. Da der Festredner der Erzbischof aus Paderborn war, vermutete ich, dass auch frühere Mitschwestern aus dem nahen Neuenbeken mitgekommen waren. So ging ich mutig auf die Reihen der Ordensschwestern zu und suchte das rote Band, an dem unser Brustkreuz hängt. Es waren zu viele. So folgte ich still der Richtung, die alle nahmen. War mein Heimweh so stark, das es mich innerlich vorantrieb? Dabei hätte ich fast weinen können. Wollte es mir aber nicht zugestehen. Fast zwei Jahrzehnte waren vergangen, und immer noch trauerte ich meiner früheren Gemeinschaft nach.

Plötzlich begegneten mir drei Schwestern, die mich sogar grüßten und meine ausgestreckte Hand entgegennahmen. Allein das tat gut. Aber – ich suchte weiter. In einiger Entfernung sah ich den Missio-Truck stehen, der für das Schutzengel-Projekt geworben hatte. Eine Gruppe Schwestern schien sich davor zu versammeln. Schon war ich zielstrebig auf dem Weg. Ja, es war das graue Kleid, das wir in der Mission getragen haben. Und – die roten Bänder leuchteten. Weil in der Gruppe auch Afrikanerinnen waren, sprach ich sie auf Swahili an. Die Antwort kam prompt und mit Erstaunen. Woher ich ihre Sprache spreche? »Ja, als du noch nicht geboren warst, habe ich in Nairobi die Krankenpflege gelernt. Ich war eine von euch!« Die herzliche Begrüßung und Umarmung kam sicher aus dem Überraschungsmoment. Auch das Argument, dass es heute anders und leichter sei, konnte ich gut stehen lassen. Für einen kurzen Augenblick hatte ich das seltsame Gefühl, doch noch dazuzugehören.

Eine Schwester, die neben mir stand, erwähnte mein Buch und schien nicht davon überzeugt, dass dieses mich in Misskredit gebracht habe. »Welches Buch, das habe ich ja noch gar nicht gelesen?«, war die Frage einer Koreanerin. »Es ist auf Deutsch«, erklärte ich sachlich. Ich merkte, wie tief mich diese Begegnung traf. Was konnte, sollte ich weiter erklären, sagen? Ich dankte und verabschiedete mich. Es genügte vielleicht in diesem Moment, das noch einmal ausgekostet zu haben. Die anderen aus meiner Gruppe waren bereits

Eine Frage der Berufung

zum nächsten Programmpunkt übergegangen. Ich kannte die Richtung, musste mich aber erst fangen. Die Sonne war heiß, da merkte ich, dass ich meinen dunkelblauen Hut als Schutz angezogen hatte. Ja, ich war im wahrsten Sinne des Wortes bei dieser Begegnung »behütet«.

Ich darf so sein, wie ich jetzt geworden bin, und muss mich vor niemandem mehr verantworten, außer vor meinem Gewissen, und das heißt für mich, vor Gott. Als ich noch glaubte, hauptsächlich funktionieren zu müssen, war es der »strafende Gott«, der mich begleitete – heute ist mir klar geworden, dass dieser Gott »selbst gemacht« ist. Ich habe mit der Zeit gelernt, mich von der göttlichen Weisheit geführt und begleitet zu wissen. Das tut mir gut und gibt mir die nötige Kraft, mich immer wieder aufzuraffen, wenn ich mutlos werden könnte.

Vor kurzem wurde ein Interview im Dürener »Super Sonntag« (29. Juni 2014) veröffentlicht, in der Reihe von 25 engagierten Menschen, die das Leben der Stadt Düren prägen. Ich durfte daran teilnehmen und freute mich darüber. Es waren persönliche Fragen, die ich spontan beantwortete. Z. B. »Was bedeutet Ihnen Heimat?« – »Ich habe meine früheren Heimaten verloren: Afrika und das Klosterleben – jetzt beginne ich, die Heimat in mir selber zu finden.« – »Was möchten Sie für sich noch entdecken?« – »Dass mein Orden und ich ins Reine kommen.« Dieser letzte Satz bildete schließlich die Überschrift. Daran hatte ich zu »knabbern«. Warum? Ging es mir nicht wirklich um Versöhnung, hatte ich das nur so lose dahergesagt? Nein, auf keinen Fall. Aber mir wird mittlerweile klar, dass der Knackpunkt bei dieser Sache viel tiefer liegt. Es geht hierbei nicht um Schuldzuweisungen, um Abbitte für eine Haltung, die gar nicht zu ändern ist. Weder bei meinem Eigenverständnis noch bei dem der Gemeinschaft, die fürchtet, daran auseinanderzubrechen. Es geht mir tief innerlich um die gegenseitige Akzeptanz. Darum, dass es möglich ist, einen anderen Weg als den der Gemeinschaft zu gehen, nämlich meinen eigenen Weg, der für mich lebensnotwendig wurde.

Zu meiner freudigen Überraschung lese ich dazu in »Kirche in Not« (08/2014), dass der Freiburger Moraltheologe E. Schockenhoff erneut dafür eintritt, dass wiederverheiratete Geschiedene zu den Sakramenten zugelassen werden. Die generelle Achtung der Kirche für das individuelle Gewissen müsse auch hier zum Tragen kommen. Denn die Kirche sei »auch« (von mir) eine »Versöhnungsgemeinschaft«. Durch diese Aussage des Theologen wird wieder deutlich, wie schwer unsere Kirche sich tut, den Geist und nicht die Gesetze sprechen zu lassen. Das gilt für uns alle, ob wir in der Welt sind oder uns Ordenschristen nennen.

Erfrischend dazu die Ermahnung des Papstes an die italienischen Bischöfe anlässlich der Eröffnung der italienischen Bischofskonferenz, auf die ihnen »anvertraute Herde« zu hören. »Habt Vertrauen zu ihrem Glaubenssinn ... Vertraut darauf, dass das heilige Volk Gottes den Instinkt hat, die richtigen Straßen zu finden. Begleitet großzügig das Wachsen einer Mitverantwortung der Laien; gebt den Frauen und den jungen Leuten Raum zum Denken ... und zum Handeln«. Klingt das nicht fantastisch?

Was für eine Zumutung für viele und dennoch genau das, wonach ich mich mein Leben lang gesehnt habe und was ich für mich in schmerzlicher Einzelentscheidung umgesetzt

Eine Frage der Berufung

habe. Genauso wird es unzähligen anderen Christen gehen. Wir sind keine gedanken- oder willenlose Herde, die den Worten ihres Hirten vorbehaltlos Glauben schenkt. Das hat sich grundlegend geändert. Heute ist nur zu hoffen, dass sie den Mut haben, weiter zu sich zu stehen und nicht zu warten, dass ihr Tun »von Oben« abgesegnet wird.

Das Telefon klingelt, und der österreichische Akzent meiner Freundin bringt mich sogleich zum Schmunzeln. »Servus Majella, die Sonne scheint bei uns wieder. Ich melde mich, damit du mich nicht unnötig suchst. Gleich trifft sich die Gruppe der ›Golden Girls‹ wieder am Swimming Pool. Heute bin ich gestylt, meine Haare sind frisch frisiert, die Augenbrauen nachgezogen, die Haut natürlich braun gebrannt, der Besuch beim Internisten verlief positiv, ich darf leben – ohne Kloster – und fröne nun meinem klösterlichen Gegenprogramm. Ich stehe dazu und freue mich über das Kompliment der Ärztin: ›Ihnen sieht man ihre 74 Jahre aber wirklich nicht an!‹ Jetzt genieße ich das Gefühl, in einer Gemeinschaft von Gleichaltrigen und ›Welterfahrenen‹ akzeptiert zu werden. Heute kann ich sagen, dass ich die zivile Welt als neuen Lebensraum schätzen gelernt habe. Wir als »Golden Girls« mit unserer jeweiligen Lebenserfahrung aus der Geschäftswelt, dem Medizinischen, der Schule oder aber dem modernen Betrieb, von privaten Schicksalsschlägen in Ehe oder Beruf gebeutelt, wir erleben in der gegenseitigen Akzeptanz unsere eigene kleine »Gemeinde«, in der wir uns »lieben«, ohne kirchliche Reglementierung, ganz selbstverständlich. Und das ist gut so.

Rückblick – Lüneburg

Da steht sie vor mir, meine damalige Freundin Hedwig. Aber erkannt hätten wir uns beide nicht mehr. Aus Teenagern sind erwachsene Frauen geworden: Sie mit vier Kindern und zwei Männern, ich mit und ohne Klosterleben. Fast unglaublich, dass es möglich ist, sich nach so langer Zeit noch einmal zu finden. Heute hat sie bereits zwei künstliche Kniegelenke, eine Schulter- und eine Halsoperation hinter sich. Ich erinnere mich, dass sie als junges Mädchen den Kopf leicht schief hielt. Das konnte operativ korrigiert werden und fiel mir beim Wiedersehen gleich auf. Der Ausdruck ihrer lachenden Augen ruft meine Erinnerung ebenfalls wach. Wie schön. Ihr fällt ein, wie mein Vater ihr das Schachspiel beigebracht hat. Er lobte ihr Können und bedauerte, dass seine Kinder nicht dazu bereit waren. Es gefiel ihr so gut bei uns, dass sie sogar nach der Arbeit noch auf dem Fahrrad zu uns kam. Bei meiner Einkleidung in Neuenbeken 1958 war sie dabei. Als ich im Jahr darauf nach Afrika flog und meine Eltern zurück ins Rheinland zogen, verlor sich unser Kontakt. Bis sie mich im Dezember 2009 bei einer Buchvorstellung im ZDF sah und wusste, dass ich es war, dass sie »die Majella« wiedergefunden hatte.

Damals hatte auch sie fürs Kloster geschwärmt, aber von zu Hause aus war es unumgänglich, dass sie erst ihre Ausbildung beenden und Geld verdienen musste. Wohl auch deshalb blieb es ihr ein Bedürfnis, sich ehrenamtlich in der Diaspora zu engagieren. Sie begleitete die katholischen Geistlichen zu den zahlreichen Gottesdiensten in den Außenstationen und ersetzte dadurch quasi den Küster. Das war ihre Art des Einsatzes für das Reich Gottes. Hier im Norden ist der evangelische Glaube stärker vertreten, sodass es viele »Mischehen« gibt, die das Thema der Ökumene bewusster in den Vordergrund stellen. Meine Freundin fand ihren eigenen Weg. Denn einer ihrer Pfarrer hatte zu diesem Thema gemeint, dass sie vor Ort den Glauben leben könne und Rom recht weit weg sei. Außerdem könnten diese Herren in Rom doch gar nicht wissen, wie das Leben in einer Familie aussieht, wenn sie dort in der Ferne unter sich leben und diskutieren.

Als beim Zweiten Vatikanischen Konzil festgelegt wurde, dass die Taufe beider Konfessionen ebenbürtig sei, war Hedwig zufrieden. Sie ließ die ersten beiden Kinder katholisch taufen, akzeptierte später aber deren Konfirmanden-Unterricht. Sie selbst lebt ihren Glauben durch ihren ehrenamtlichen Einsatz. Dazu gehörte auch die Begleitung ihrer achtjährigen Tochter, der wegen eines Krebsleidens das rechte Bein amputiert werden musste und deren bösartige Metastasen es ihr letztendlich nicht mehr ermöglichten zu atmen. Dieses kleine Mädchen war hochintelligent und strahlte eine Würde aus, die eher der Reife eines Erwachsenen entsprach. Ihren Mann unterstützte sie ebenfalls bei seinem Krebsleiden in der letzten Phase. Danach folgten ihre eigene Mutter und ein halbes Jahr später ihr Vater. Jetzt ist sie damit beschäftigt, allen »Ballast« abzuwerfen, der ihr selbst den Heimgang erschweren könnte. Sie verschenkt ihre angesammelten Bücher oder kunstfertig gestickten Bilder. Hedwig ist eine bemerkenswerte Persönlichkeit, vor der ich Hochachtung habe.

Als ich abends wieder alleine bin, stelle ich mich unter die Linden, die die nahe St. Nicolai-Kirche umgeben. Sie verdecken das rote Backsteingebäude, dessen imposantes

Gemäuer weit in den Himmel ragt. Wieder ein Kirchenschiff, das im Zuge der Reformation in eine evangelisch-lutherische Kirche umgewandelt wurde. Es berührt mich jedes Mal, wenn ich darüber bewusst nachdenke. Wir kommen im Glauben aus der gleichen Quelle und »dürfen« uns doch nicht einheitlich wahrnehmen, denn wir leben nach unterschiedlichen Gesetzen und Regelungen. Alles »menschengemacht« und dennoch so fest zementiert, dass Bruchstellen unüberwindbar scheinen.

An anderer Stelle – in der Nähe des Arbeitsamtes – steht ein Mahnmal für die Opfer der nationalsozialistischen Gewaltherrschaft 1933 – 1945. Auf ihm sind die weisen Worte Richard von Weizsäckers in Stein gemeißelt:
»Wenn wir uns der Verfolgung des freien Geistes während der Diktatur besinnen, werden wir die Freiheit jeden Gedankens und jeder Kritik schätzen, so sehr sie sich auch gegen uns selbst richten mag.
Lassen Sie sich nicht hineintreiben in Feindschaft und Hass gegen andere Menschen, gegen Russen oder Amerikaner, gegen Konservative oder Alternative, gegen Schwarz oder Weiß.
Lernen Sie miteinander zu leben, nicht gegeneinander. Ehren wir die Freiheit, arbeiten wir für den Frieden, halten wir uns an das Recht.«
Diese Worte graben sich tief in mein Inneres, denn jedes Mal, wenn es um das Recht auf Menschsein und die Würde des Einzelnen geht, fühle ich mich be- und getroffen. Es schmerzt. Auf der gegenüberliegenden Straßenseite stehe ich plötzlich vor einem weiteren erschreckenden Mahnmal:

»An dieser Stelle stand früher die MTV-Turnhalle. Hier fand vom 17.9 bis zum 16.11.1945 der erste große Kriegsverbrecherprozess der Alliierten statt. Nationalsozialistische Gewaltherrschaft und Wachmannschaften des Konzentrationslagers Bergen-Belsen standen vor Gericht. Barbarische Verbrechen gegen die Menschlichkeit wurden gesühnt.«

Später finde ich noch andere Erinnerungstafeln, die über die ganze Stadt verteilt sind. Zum Beispiel das Kaland-Haus, das bereits 1491 in der typischen Backsteingotik gebaut wurde. In ihm hatte das KZ Neuengamme vom 12.8. bis zum 13.11.1943 ein Außenlager für mehr als 150 Häftlinge eingerichtet. Denn seit 1937 war Lüneburg Hauptstadt des NSDAP-Gaues Osthannover. Deshalb gab es eine »Gestapo-Zentrale« in der Julius-Wolff-Str. 4. Nach dem Verhör im Folterkeller kamen die Gefangenen in das Gerichtsgefängnis.

Mein Hotel liegt ganz in der Nähe. Alles scheint hier zusammenzugehören. Das Vergangene fließt in die Gegenwart, so, wie es auch im wahren Leben ist. Doch jetzt erschrecke ich, als mir klar wird, wie sich in meiner Jugend die ersten Jahre nach dem Krieg tatsächlich entfalteten.

Weiter lese ich in der Hildesheimer Chronik, St. Marien, Lüneburg 1850 - 2000 (S.60):

»Die Währungsreform von 1948 mit der Einführung der »DM« schuf die monetäre Grundlage für den wirtschaftlichen und gesellschaftlichen Wiederaufbau. 1949 wurde aus den drei Westzonen die Bundesrepublik Deutschland: ein föderativer Staat, der sich mit dem Grundgesetz eine rechtsstaatliche, demokratische Verfassung gab.«

Als ich zehn Jahre alt war, begann sich somit die Wirtschaft zu erholen, und die Narben der sinnlosen, brutalen Gewalt des vergangenen Krieges waren anscheinend dabei, wie von selbst zu heilen. War das möglich?

Bei unserem Rundgang am Morgen hatte Hedwig erklärt: »Dort an der Straßenkreuzung, wo jetzt eine Versicherungs-Gesellschaft gebaut hat, stand früher das Stift der Vinzentinerinnen. Erinnerst du dich?« »Wo wir auf die erste Hl. Kommunion vorbereitet wurden?« »Ja genau.« »Und dort war die St. Marienkirche, die jedoch 1961 durch eine neue ersetzt wurde. Siehst du den 12-eckigen Rundbau mit der goldenen Krone? Er ist der Himmelskönigin geweiht. Wir nennen ihn die Kirche der Reichen, wegen der prächtigen modernen Fenster.« »Ja, die sind selbst für mich gewöhnungsbedürftig«, entschlüpft es mir. »Damals, 1961, war ich bereits in Nairobi, Kenia, im zweiten Jahr der Ausbildung zur Krankenschwester. Ich erlernte den Umgang mit Patienten – schwarzen wie weißen – in den Tropen und erfuhr mehr über die Lebensverhältnisse der Afrikaner im Osten des Landes. Vollkommen verschiedene Welten und doch zur gleichen Zeit. War ich darauf vorbereitet?, schoss es mir durch den Kopf? »Hedwig, weißt du, ob es die Wilhelm-Raabe-Schule noch gibt?« »Aber ja, damals hieß sie Gymnasium und durfte nur von Mädchen besucht werden.« »Stimmt, das hatte ich vergessen.«

Auf dem Weg zum Gymnasium muss ich wieder fragen, denn ich bin nun wieder alleine unterwegs. »Die nächste Straße links einbiegen«, sagt ein freundlicher Herr und zeigt nach rechts. »Sie meinen doch rechts, wie Sie es zeigen, nicht wahr? Den Fehler mache ich auch oft, da kenne ich mich aus.« Wir lachten. »Ja die Wilhelm-Raabe-Schule gibt es noch immer; geändert hat sich so gut wie nichts!« Ich gehe weiter, und er biegt mit seinem Rad in die besagte

Straße ein. »Erkennen Sie Ihre Schule?« ruft er mir später von der anderen Straßenseite her zu. »Herzklopfend«, antworte ich spontan. Tatsächlich, mein Herz beginnt, schneller zu schlagen, als ich das dunkle Gemäuer mit den hohen Wänden, bestückt mit kleinen Türmen, vor mir sehe. Es wirkt zwar imposant durch den früheren, für Lüneburg typischen Baustil der Backsteingotik, hat aber gleichzeitig etwas Bedrohliches an sich.

Die Ferien haben begonnen, deshalb ist die Schule geschlossen. Aber die Tür zum Hof steht offen. Also kann ich hineingehen. »Du warst damals sehr schüchtern«, hatte Hedwig bemerkt, als sie mir den Weg beschrieb. Sollte das der Grund für meine unterschwellige Angst gewesen sein, die ich scheinbar erfolgreich verdrängt habe? Wohl kaum.

Ich setzte mich im Innenhof auf eine runde Holzbank. Die riesigen, grün belaubten Bäume haben sicher schon vor 60 Jahren hier gestanden. Aber sie bleiben stumm. An der linken Hausfassade entdecke ich die Schulglocke. Das ist sicher noch dieselbe, die auch uns jedes Mal zur Pflicht rief, wenn die Pause vorbei war. Ist sie nicht ein Zeichen dafür, dass ich mich früh daran gewöhnt habe, meinen Alltag vom Glockenläuten bestimmen zu lassen? Aber die Angst? Hing sie mit der Leistung zusammen, die erbracht werden musste? Mich zu melden, meine Meinung zu äußern, das fiel mir schon immer schwer. Ich lasse es dabei. Drei Jahre meiner Jugend hatte dieses Umfeld mich beeinflusst.

Der jetzige Spielplatz wirkt modern und spielerisch, er nimmt etwas vom Ernst, der beim ersten Sichten der Gebäude über mich kam. Damals war Leistung gefordert, um das richtige Zeugnis zu bekommen und damit den Beruf und die daraus folgende Lebensleistung zu erbringen. Erst Krieg, Heimatlosigkeit, panische Angst vor Gewalt, Blut, Verstümmelung, Schmerzen, Tod, Hunger und Missachtung, und dann Leistung, um bestehen zu können. Was für ein Lebensentwurf!

Ich erinnere mich, dass mein Vater an der Gallenblase operiert werden musste, weil die Typhus-Bazillen, die er sich während unserer Flucht eingefangen hatte, sich dort festsetzten. Er brauchte einen längeren Krankenhausaufenthalt in der Stadt, da er durch die ständigen Koliken furchtbar abgemagert war. Ich besuchte ihn von der Schule aus und hatte große Sorge, dass er nicht gesund würde. Wir waren immer sehr allein in dem kleinen Heidedorf, das nur zwölf KM entfernt lag. Hatte ich hier eine neue Heimat gefunden? Nach all den Kriegswirren und dem häufigen Wohnortwechsel? Warum wurden wir hierher evakuiert, wo doch das Rheinland unsere eigentliche Heimat war?

Ich weiß es nicht. Doch waren wir bei Kriegsende in Chemnitz über die Grenze aus dem Erzgebirge geflohen, weil dort der Russe auf dem Vormarsch war. Hier galten wir jetzt als Eindringlinge. Wir waren nicht nur Fremde, sondern gehörten auch noch der »religiösen Gegenpartei« und als solche der Minderheit an. Es gab keine Kirche in der Nähe, erst in der Stadt Lüneburg. Sonntags mussten wir lange Fußmärsche zurücklegen, um an der Gottesdienstfeier in einer entlegenen Schule oder in einem anderen Raum teilzunehmen. Dennoch war der Gott meiner Jugend omnipräsent. War es der fordernde, richtende Imperator, der im Mittelschiff von St. Nicolai auf einer Weltkugel thront und das Zepter sowie die Krone des Herrschers in Händen hält?

Hatten wir nach der gefahrvollen Kriegszeit solch einen Gott nötig? Oder war es eine Art Wagenburg-Mentalität, die sich die Christen in der Diaspora angewöhnt hatten? Denn sie klammerten sich bewusst an das, was sie für richtig hielten. Jede Religionsgemeinschaft an die ihr eigene Wahrheit.

Es gefällt mir, dass Hedwig mich ins ökumenische Zentrum mitnimmt. Doch merke ich bald, dass zwar alles unter einem Dach untergebracht ist, aber es verschiedene Altarräume gibt. Da wirkt der Name »Ökumene« für mich nur wie ein äußeres Tarnschild. Wie war das möglich? Steht das Wort »Ökumene« nicht für wahres Teilen und für gemeinsame Ziele? Angeblich gibt es im Moment in Lüneburg 10 Prozent Katholiken. Das sah nach Kriegsende anders aus. In der Festschrift zum 150-jährigen Bestehen der Kirchengemeinde St. Marien kann ich lesen, dass im Juli 1945 allein aus Polen 4.000 Katholiken in Lüneburg Wohnsitze in den Kasernen eingeräumt bekamen, im nahen Bardowick waren es 6.000 und in anderen Orten 1.700 und 2.700. Im Juni 1945 schrieb der damalige Pfarrer an seinen Bischof, dass er gleich nach der Besetzung mit der englischen Militärregierung Verhandlungen aufgenommen habe zur Wiedereinrichtung einer katholischen Schule. Er erfuhr dabei, dass man die Rehabilitierung von Kirche und Schule auf den Status von 1914 anstrebe.

Sind es etwa diese ca. 10.000 Flüchtlinge, die als Katholiken den Grundstein für die jetzige Kirche legten? Auch das weiß ich nicht. Mir geht es bei den Erfahrungen, die ich jetzt mache, erst einmal darum zu verstehen, wie ich heute mein Leben sehe.

Im Moment bin ich nur flüchtiger Zuschauer und Gast. So erfahre ich auch, dass St. Stephanus 1974 als erstes ökumenisches Gemeindezentrum in Deutschland eröffnet wurde, also eine Neuheit war, auf die alle Mitwirkenden zu Recht stolz waren. Dass beide Religionen durch solch ein Zentrum in lebendigen Kontakt treten, ist sicher ein gutes Zeichen. Es liegt dann am Einzelnen, wie sich diese Berührungen weiterentwickeln. Das ständige Miteinander kann nur zu mehr gegenseitigem Verständnis und dadurch zur gegenseitigen Annahme führen. So, wie wir uns im Rheinland jetzt stärker mit den Religionsgemeinschaften anderer Völker wie z. B. dem Islam auseinandersetzen, so haben die gemeinsamen Erlebnisse im Krieg, die Menschen zusammenschweißten, sicher auch dazu beigetragen, einander als *Mit*-Menschen zu begegnen und zu schätzen. Es geht dabei immer um Wachstum – und zwar der eigenen Person, die jedoch auch den Nächsten an meiner Seite im gleichen Fluss des Lebens wachsen lässt.

»Raus aus dem Korsett« ist der Titel der Stadtführung, die nur für Frauen sein soll und die an markanten Beispielen aus der Lüneburger Geschichte den Fortschritt für uns Frauen in den letzten 100 Jahren aufzeigt. Das Korsett ist wörtlich gedacht, denn das mitgebrachte Exemplar gehörte einmal der Großmutter unserer Stadtführerin. Ich muss lachen, denn ich habe auch schon versucht. mich in so etwas hineinzuzwängen, als die Strümpfe noch oben durch Klammern festgehalten wurden. Und wenn man es richtig besieht, sind heute die sogenannten »Bodies« für Damen doch nichts anderes, denn sie sollen garantieren, dass der Schlankheitswahn aufrechterhalten bleibt. Während unsere Stadtführerin sprach, wurden wir durch ein Gefährt mit Brautjungfern abgelenkt. In ihren prallen violetten Kleidern dienten sie als echter »Hingucker« und demonstrierten, wie unästhetisch das wirkt.

Dennoch war dieses äußere Zeichen der »abgemalten Figuren« noch eher hinzunehmen als die Tatsache, dass Ende der sechziger Jahre die Schwester unserer Stadtführerin erlebt hatte, wie ein Mann auf ihre Arbeitsstelle kam und seine Frau dort abmeldete. »Morgen kommt sie nicht mehr zur Arbeit, denn ich will das nicht.« So einfach war das, denn damals war das Recht dazu auf seiner Seite. Bis 1977. Wir vergessen das heute leicht. Aber in Wirklichkeit ist der Brauch, durch den die Tochter vom Vater an den Altar geleitet wird, doch nichts anderes, als dass er dem Mann seine Tochter durch diese Geste übergibt. In Afrika zahlen sie noch Brautpreise – hier geht es auf subtilere Art. Schon wieder bin ich mit meiner Klostervergangenheit konfrontiert. Bräuche müssen in die Jetztzeit umgesetzt werden, damit Menschen nicht daran zerbrechen.

Hier in Lüneburg, in der damaligen St. Marienkirche, wurde ich in dieser besonderen Zeit meiner Kindheit von der Gegenwart Gottes berührt. Das war vor gut 70 Jahren. Beim Empfang der ersten Hl. Kommunion war ich so davon überzeugt, dass Christus, dessen Leib ich empfangen hatte und dadurch eins mit ihm wurde, nun auch ein Recht auf mich hatte. Dass mich das nie mehr los ließ ... Denn das Feuer, das damals entfacht wurde, glüht bis heute weiter. Diese Sehnsucht nach meinem Gott, nach Seiner Nähe, kann mir keiner nehmen. Sie wurde weder durch kleinliche Regelungen und Verbote im klösterlichen Alltag erstickt noch durch machtvolles Getue und erpresserische Vorschriften. Feuer brennt und verbrennt, aber ebenso erhellt es, erwärmt und belebt. Dazu passten schon die Worte von

Wilhelm Raabe, dem Namensgeber meines Gymnasiums: «Die Geschichte des Einzelnen wie der Menschheit beginnt mit einem Traum!« Mein Traum hieß Afrika, ein Land, in dem meine Patentante im Einsatz war und deren Beispiel ich folgen wollte. Mit allem Enthusiasmus und Elan meines jungen Lebens, damit dort weniger Hunger, Not, Krankheit, Armut und Unwissenheit um sich greifen konnten. Wie – das wusste ich nicht und konnte ich nicht bestimmen, aber das minderte meinen Traum nicht.

Als ich mich am ersten Abend meiner Ankunft in Lüneburg auf den großen freien Platz am Sande zur Stärkung an einen Tisch setze, blicke ich mit Staunen auf dieses einladende Bild. Hinter mir liegt der imposante Renaissancebau der ehemaligen Industrie- und Handelskammer. Am anderen Ende steht die St. Johannis-Kirche, als vortrefflicher Zeuge in den Himmel ragend, genauso wie damals. Von der Haltestelle Am Sande fuhr der Bus täglich nach Kolkhagen und brachte mich zur Schule in die Stadt sowie später wieder zurück. Das ist der Platz, an den ich mich am besten erinnern kann. Als die Kellnerin mich nach meiner Bestellung fragt, strahle ich sie an und erzähle gleich, dass ich von diesem An- bzw. Rückblick geträumt habe. Sie ist erst 22 Jahre alt, sehr aufgeschlossen und jobbt während ihres Studiums zum Lehrberuf. »In die Welt reisen und Erfahrung mit anderen Menschen in fremden Kulturen und Ländern sammeln, davon träume auch ich!« stellt sie fest, als ich meine Zeit in Afrika erwähne. In Deutschland gebe es wenige zukunftweisende Perspektiven, glaubt sie zu wissen. »Für mich hieß das damals die Mission – heute kann sie auch durch Entwicklungshilfe oder durch einen anderen Beruf ersetzt werden, der ebenso mit ›Dienst am Menschen‹

zu tun hat«, ergänze ich, »und Ihr Lehrberuf gehört sicher dazu.« Wir lachen uns an, und eine Brücke ist geschlagen.

Als ich in meinem früheren Heimatdorf ankomme, fällt mir die Erinnerung zunächst schwerer. Der Empfang ist herzlich, und alle drei Schwestern helfen mir, aber die Zeit rund 70 Jahre zurückzudrehen, erfordert ungeahnte Anstrengung. Manche Orte bleiben einfach unklar in der Erinnerung. Als mir jedoch die alte Schule gezeigt wird, freue ich mich. Sie ist vom jetzigen Besitzer renoviert worden, steht aber an derselben Stelle. Selbst der Weg dorthin und die uralten Bäume mit ihren mächtigen, leicht gebogenen Stämmen, die aussehen, als wollten sie eine Laube formen, stehen zeitlos nah.

Mein Herz macht einen kleinen Sprung, denn hier kenne ich mich wieder aus. Und ein Weg von hier über den Bach quer durch die Wiesen wird ebenso wieder lebendig. Der weiterführende Weg erreicht die Post. Es stimmt wieder. Als ich jedoch mit meinen Begleiterinnen über die sogenannte Volksschule spreche, zeigt sich, dass sie ähnliche angsterfüllte Erlebnisse aus dieser Schulzeit kennen. Somit hatte es hier begonnen, dass ich mich vor dem Schulbesuch fürchtete. Denn wir Zugezogene waren nicht erwünscht, und ein gewisses Kastensystem war hier in der dörflichen Gemeinschaft sehr verbreitet. Das bestätigen mir meine Begleiterinnen auch. Alle, die nicht direkt zu den Alteingesessenen gehörten, bekamen das zu spüren. Heftige Schläge wurden ausgeteilt, zum Teil ohne trefflichen Grund. Junge Burschen flüchteten manchmal durch ein offenes Fenster. Es war die erste Schule, die ich besuchte, auch wenn ich mit sieben schon zu den Älteren gehörte und deshalb die erste Klasse übersprang. Während des Krieges war es mir nicht möglich gewesen, eine Schule zu besuchen. Schade, dass ich Angst hatte und mein Schulbesuch mir zum Schrecken wurde.

Die Eltern meiner Gastgeberin heirateten erst, als wir bereits zugezogen waren, deshalb waren die Geschwister alle jünger als ich und hatten nur eine schwache Erinnerung an »meine« Zeit. Umso großzügiger empfand ich die Geste, sich für meinen Besuch freizunehmen und mir zu helfen, Vergangenes wieder wahrzunehmen. Wir sitzen auf der Veranda, und ich schaue staunend auf Wiese, Wald, Hochspannungsleitungen – in Richtung Friedhof und Galgenberg – und nehme den leichten Luftzug auf meiner Haut wahr. Ich kann das Alte nicht mehr zurückholen. Die Erinnerung ist ein vollkommen anderes Erleben. Und doch scheint beides zusammenzupassen. Denn es ist Teil der Zeitspanne meines Lebens. Es gehört zu mir.

Wir diskutierten über Gott und die Welt bei leckeren Waffeln, fruchtigem Heidelbeerpüree und süßer Eiscreme. Ich erlebe eine geballte Frauenpower. Eine der Anwesenden arbeitet bei der Gewerkschaft und hat ihr Büro in der Stadt. Aber die Arbeit auf dem Hof kennen sie alle und haben ihr jetziges Heim selbst aufgebaut. Sie entwickelten ein neues Bewusstsein für ehrenamtlichen Einsatz und Zugehörigkeit. Mir fällt auf, dass alle im Dorf sich zu kennen scheinen, sich duzen, herzlich zueinander sind, aber doch einen gewissen Abstand zu wahren wissen. Stürmische Umarmungen wie im Rheinland erlebe ich nicht.

Bei unserem Gespräch geht es um aktuelle Themen wie um die Frage, warum eigentlich nicht mehr Christen aus der Kirche austreten. Besonders die Frauen sollten sich das nicht gefallen lassen, meinen sie. »Bei uns Protestanten dürfen Frauen wenigstens geistliche Ämter bekleiden und treten an den Altar. Aber bei euch Katholiken sind sie doch nur in untergeordneter Position. Das verstehe ich einfach nicht«, meint der einzige Mann in unserer Runde. »Stimmt es, dass die Kirche bei Priestern, die sexuell aktiv werden, die Alimente bis zu drei Kindern bezahlt?«, ist die nächste Frage. Ich nicke ein zustimmendes Ja, denn so habe auch ich es gehört. Schade, schon wieder dieses Thema der Sexualität, das immer wieder aufbricht, wenn es etwas auszusetzen gibt. Der neue Papst wird zwar durchgehend sehr positiv bewertet und als »echt« beschrieben, auch in unserer Runde. Denn man nimmt ihm ab, was er in Worten und für sich als Person sagt und lebt. Er legt dadurch im wahrsten Sinne des Wortes Zeugnis ab! Aber das scheint nicht zu genügen. Es hat in den letzten Jahrzehnten nach dem Zweiten Vatikanischen Konzil wohl zu viel stagniert.

Dazu fällt mir die Schriftstelle in Matthäus 15, 21-28 ein. Hier wird die Begegnung Jesu mit einer Kanaanäerin geschildert, die ihn so hartnäckig um Hilfe für ihre kranke Tochter bittet, dass sie den Jüngern lästig wird. Für Jesus jedoch gehört sie nicht zu den Auserwählten Israels. Handlungsbedarf sieht er deshalb keinen. Erst als Christus feststellen muss, dass ihre scharfsinnige Argumentation nicht zu widerlegen ist, lässt er sich umstimmen. Auf seine Worte, dass es nicht recht sei, das Brot den Kindern (Israels) wegzunehmen und den Hunden (Heiden) vorzuwerfen, antwortet sie schlagfertig: »Ja, du hast recht, Herr, aber selbst die Hunde bekommen von den Brotresten, die vom Tisch ihres Herren fallen.« Diese Worte zeugen für Jesus von ihrer großen Glaubenskraft. Er heilt die Tochter augenblicklich, und zwar aus der Ferne. Heute heißt es zu diesem Geschehen, dass Christus sich von dieser starken kanaanitischen Mutter berühren ließ und bereit war, von ihr zu lernen. Durch diese Begegnung wurde es Ihm anscheinend klar, dass er seine Botschaft und seine heilende Kraft nicht nur an die Israeliten weiter geben sollte.

Wenn Christus sozusagen »lernfähig« war, wieso ist das heute nicht mehr bei den Jüngern Christi möglich, obgleich »alle Welt« darauf hinweist, dass Veränderung nötig wird. Es gibt so viele Themen wie die Gleichwertigkeit der Frauen, zölibatäre und verheiratete Priester, geschiedene Ehen oder wiederverheiratete Paare, aber sakramental (durch die Kirche), Sexualverkehr in Eigenverantwortung (und mit helfender Beratung/Verhütung). Um nur einige zu nennen. Fragen über Fragen. Ob sich da etwas weiter bewegt in Richtung der angestrebten Reform nach dem Zweiten Vatikanischen Konzil? Jeder Tag bringt eine neue Chance für mich, das zu leben, wonach ich mich sehne. Ist das kein Anfang?

Missbrauch der Heiligkeit

Ich sehe einen Krimi und achte gespannt auf die Verteidigung des Mädchens, das sich mit dem Vater ihres Kindes auseinandersetzen muss. Für sie war das Erlebnis der Empfängnis eine Vergewaltigung. Sie lässt sich nicht von der raffinierten Fragestellung der Anklage in die Enge treiben, auch wenn es sie große Mühe kostet. Ihr Mann hatte sie ein Jahr lang verfolgt und wollte sie nun zwingen, seine Vaterschaft anzuerkennen, damit er weiter Macht über sie und das Kind ausüben konnte.

Ich merke, wie mich diese Darstellung nicht mehr loslässt. Erst vergewaltigt zu werden und dann selbst noch als Zeugin auszusagen, um die eigene Unschuld zu beweisen? Wer schreckt nicht davor zurück? Hier wird aus einem Liebesakt brutale Gewaltausübung. Und die Frau ist das Opfer. Sie kann sich dem Geschehen nicht entziehen, wird aber zweifelsohne allein die Konsequenzen tragen müssen. Oft in doppelter Hinsicht: durch die erzwungene Schwangerschaft und durch die perverse Demütigung im schmerzhaften und in die Öffentlichkeit getragenen Gewalt-Geschlechtsakt.

Das Gefühl, das sich in mir ausbreitet, ist deutlich von Schrecken gekennzeichnet. Hat sich so viel in mir, in meiner Denkweise und meinem Empfinden geändert, in diesen bald 20 Jahren seit meinem Austritt aus dem Orden? Das ist gut möglich. Ich bin auf dem Wege zu meiner Mitte, und dieser Prozess ist ein anhaltender. Veränderung gehört zum Leben. Deshalb bekommt die damalige Trennung jetzt eine ganz neue Brisanz. Das Ordensleben ein Trauma? Es geht um eine Berufung. Das heißt, dass ich dem Ruf Gottes zu diesem Leben gefolgt bin. Ich wusste also, worauf ich mich einließ? Stimmt das? Da kann ich nur ein ganz klares Nein antworten. Vor lauter Regeln, Geboten und Verboten weiß keine von uns, wie diese sich in der Alltagspraxis auswirken werden. Außerdem scheint sich beim Einsatz in einer Mission notgedrungen einiges zu ändern. So heißt es wenigstens.

Zum Beispiel konnte das Innehalten bei der Arbeit und Sprechen des Stundengebetes im Rhythmus und Stress des normalen Alltags sowieso nicht beibehalten werden. Aber – wie in jedem Leben – zeigte erst die Praxis, worauf ich mich in diesem speziellen Beruf eingelassen hatte. Ist es nicht genauso in einer Ehe oder Partnerschaft? Erst mit der Zeit und der Gewöhnung zeigen sich Stärken und Schwächen dieses Bundes und inwieweit die Partner fähig sind, den Dialog miteinander zu führen, einander auszuhalten, aneinander zu wachsen. Deshalb wählte ich als Losung die Worte des Propheten Jeremias 20, 7: »Du hast mich betört, o Herr, und ich ließ mich betören!«

Die Vision der Liebenden führt zum Ehebund. Meine Vision als Ge- und Berufene beflügelte mich, meinen Weg als Ordensfrau zu gehen. Denn unser Weg sollte zur Heiligkeit führen. Heilig bezeichnet etwas Besonderes. Im Englischen kommt es von heil oder ganz sein. Das ist es, was uns innerlich berührt und vorantreibt. Dem Heiligen zu folgen, damit »Sein Reich komme«, wie es im Gebet des Herrn oder dem Vaterunser heißt. Dass wir uns dadurch gewissermaßen zu Unberührbaren (Kaste) machen, haben wir uns nicht vorstellen können. Damals nicht. Heute sehe ich das anders.

Denn zu meinem Erstaunen scheint die Motivation, dieses Streben nach Heiligkeit, die meinem ganzen Leben Auftrieb gab, niemanden mehr zu interessieren. Für den Orden, den ich verlassen habe, weil ich keinen Lebensraum mehr für mich fand, wurde ich zur Abtrünnigen. In den Augen der anderen hatte ich das verraten, was für sie zu ihrem Lebenssinn geworden war. Eine eigene Meinung zu vertreten kam einem Vergehen gleich, das auf keinen Fall geduldet werden durfte.

Das wird mir noch einmal deutlich vor Augen geführt, als ich eher zufällig einen Arbeitsrechtler treffe, der den Prozess des Schlichtens zwischen Ordensoberen und Austretenden kennt. Von ihm lasse ich mich gespielterweise testen. Es beginnt ein »Frage-und-Antwort-Spiel«, bei dem es darum geht, wie ich mich nach dem Austritt bemüht habe, eine Beschäftigung zu finden, um selbstständig einen Lebensunterhalt zu verdienen. Welche Wege ich eingeschlagen habe, ob Arbeitsamt oder Eigeninitiative. Wie groß ist meine Wohnung, welche Miete und Nebenkosten muss ich zahlen? Ist das angemessen oder lebe ich vielleicht »verschwenderisch«? Mir verschlägt es buchstäblich die Sprache. Dazu kommt die imposante Gestalt des Richters, der ein Selbstbewusstsein ausstrahlt, vor dem ich nach dem Austritt noch zusammengeschreckt wäre und mich kleingemacht hätte. Jetzt versuche ich im Eiltempo, mir die früheren Bemühungen in Erinnerung zu rufen. Ich habe keinen Grund, mich zu schämen und nach vierzigjährigem Einsatz im Ausland in die Enge treiben zu lassen. Auch wenn ich keinerlei Erfahrung in der deutschen Arbeitswelt habe, so unternehme ich zahlreiche Versuche, um durch ein Arbeitsverhältnis in die gesetzliche Krankenkasse zu kommen. Denn vom Orden aus wurden wir Missionarinnen, aus Afrika kommend, privat versichert. In Leverkusen oder in Jülich, in einer LVA, in Aachen bin ich Wochen tätig, halb in Büro-, halb in Beratungsjobs. Aber etwas Bleibendes ist nicht möglich. Auch verdeckte Angebote durch den Orden, die aber ständig wechseln und unterbezahlt sind. Oder versuche Angebote als billige Pflegekraft mit freier Kost und Logis, um mich in ein neues Abhängigkeitsverhältnis zu bringen und dadurch wieder ausgebeutet zu werden. Das Arbeitsamt findet auch nichts für mich. Ich bin schlichtweg ausgepowert und in meinem Alter den deutschen Verhältnissen nicht gewachsen. Welche Nonne ist das schon, wenn sie wirklich ein Leben lang hinter Klostermauern oder wie ich 33 Jahre in Afrika gelebt hat?

Kann ich das solch einem Gesetzesvertreter überhaupt klar machen? Muss ich es? Jetzt noch? Ich vergesse beinahe, dass es hier ja nicht um die Realität geht, sondern dass durch die Fragen des Richters nur klar wird, was auf eine Ausgetretene zukommt. Wie sie sich zu beweisen hat. Schon wieder einmal, vor dem Gesetz, auch wenn ihr als Klosterschwester dieses bislang unbekannt ist.

Gott sei Dank wird bei mir Erwerbsunfähigkeit festgestellt und deshalb meinem Antrag auf die entsprechende Rente stattgegeben. Dadurch bekomme ich wieder mehr Zeit, um durchzuatmen, um mich zu erholen und gleichzeitig mich meiner Mutter zu widmen, die mittlerweile an Brustkrebs erkrankt ist und operiert werden muss.

Das Erschütternde nach diesem Erlebnis ist, dass mir nochmals erschreckend klar wird, dass sich niemand von den sogenannten »Vorgesetzten« dafür interessiert, was mir meine Berufung zum Ordensleben bedeutet hat und wie ich sie gelebt habe. Dieser Traum, diese Vision von einem Leben der Hingabe an Gott – im Dienst am Nächsten – scheint plötzlich wie eine Utopie.

Jetzt werde ich gewissermaßen dafür bestraft, dass ich mich im arbeitsreichen Einsatz aufgerieben habe. Mir steht nach dem Gesetz von Kirche und Staat gleichermaßen nichts weiter zu als der niedrigste Satz, denn bei der Rentenversicherung wurde nur das einbezahlt, was an Kost und Logis während meiner Mitgliedschaft berechnet wurde, und nicht die erbrachte Leistung. Dadurch sollte die Grundsicherung gewährleistet sein, zu mehr ist der Orden gesetzlich nicht verpflichtet. Um die »evangelische Liebe« – von der im Entlassungsschreiben die Rede ist – aber zu wahren, kann bei einer Schlichtungsstelle in Bonn geklagt werden. Und jetzt kommt die soeben geschilderte Verteidigung ins Spiel. Erst wenn ich beweise, dass ich nach dem Austritt nicht untätig war, kann ich versuchen, einen Anspruch auf zusätzliche Mittel geltend zu machen.

Dass sehr viele Nonnen in der Regel traumatisiert sind und aufgefangen werden müssen, steht nach meinen Erfahrungen mit vielen Ehemaligen, die mich kontaktiert haben, außer Frage. Auch das dieser schmachvolle Prozess der Ablösung sie krank macht. Aber dass sie solch ein geringes Selbstwertgefühl bekommen, weil sie sich ausgestoßen fühlen, scheint ihr eigenes Problem zu sein. Oder dass sich viele nicht mehr in der sogenannten Welt zurechtfinden, von der sie im Ordensleben abgeschottet wurden. Dass alles sind Fakten, die niemanden zu kümmern scheinen. Der Staat versteckt sich hinter der Gesetzlichkeit der Kirche, die Kirche (und der Orden) verweist auf das Recht, das der Staat ihr zugesteht. Wie absurd.

Plötzlich trifft es mich wie ein Blitz. Ich glaube, in diesem Drama Vergleiche wie nach einer Vergewaltigung ziehen zu können. Ich bin die Gedemütigte. Und ich habe dafür zu büßen, dass mir das passiert ist. Ich habe auf mein Inneres gehört und bin dieser leisen, »verführerischen Stimme des Herzens« gefolgt. Jetzt habe ich selbst dafür Sorge zu tragen, wie diese »Frucht in mir«, ohne Schaden zu nehmen, zur Entfaltung kommen kann. Die reifen Jahre meines Ordenslebens, meine »Erfolge« oder die beachtliche Ernte des jahrzehntelangen Einsatzes darf ich nicht als meine Erfolge einstufen, sondern ich fühle mich wie ein räudiger Hund, der von seinem Herrn vertrieben worden ist. Krankenhausleitung in den Tropen, 18 Jahre lang; Leitung einer Ordensprovinz in Zimbabwe; Leitung des HIV/Aids-Projektes am Kilimandscharo, um wesentliche Eckpunkte zu nennen. Der ganze uneigennützige Dienst scheint nichtig gewesen zu sein.

Während diese Gedanken und Erlebnisse in mir arbeiten, trifft sich Papst Franziskus erstmals mit Missbrauchsopfern. Dazu heißt es, großer Schmerz und Leid erfülle sein Herz seit einiger Zeit angesichts der Tatsache, dass Priester und Bischöfe mit dem sexuellen Missbrauch von Minderjährigen deren Unschuld und ihre eigene Berufung als Priester vergewaltigt hätten. In einem Artikel vom 27.05.2014 von Jörg Bremer sagte der Papst: »Kinder suchen in der Kirche die ›Heiligkeit‹ Gottes, aber die Täter ›verrieten‹ mit ihrem Vergehen Gott.« Ich horche wie elektrisiert auf. Genau das ist es. Auch wir suchen in der Kirche diese Heiligkeit. Und im Ordensleben insbesondere. Deshalb dieser unterschwellig nagende Schmerz, der nicht heilen will!

Wochen später (15.08.14) erlebe ich Papst Franziskus im Dialog mit Jugendlichen in Südkorea. Seine Worte sind eine Einladung. Er spricht in Englisch mit einem Akzent, der seiner Heimatsprache geschuldet ist. Das macht ihn noch authentischer. Es sind Worte, die aus seinem Herzen kommen. Franziskus, der »Mann Gottes«, bittet darum, dass sie auf die Stimme Christi hören, der zu ihren Herzen spricht und dem sie vertrauen sollen. Denn Christus sei von den Toten auferstanden, um für sie – und uns alle – den Weg zu Gott zu bereiten. Bei der Taufe habe er uns den Glauben geschenkt, bei der Firmung seinen Geist, auf dass wir uns von ihm leiten lassen...! So ist es mir in Erinnerung geblieben. Es wurde mehrfach übersetzt. Tief eingeprägt hat sich mir diese Geste der Einladung, der Werbung um Vertrauen und meine plötzliche Reaktion, indem ich in Tränen ausbreche. Lauthals. Sodass ich froh bin, allein vor dem Bildschirm zu sitzen. Der Papst spricht auch von seiner eigenen Berufung und davon, dass die Jugendlichen ihr Herz befragen sollen, ob sie den Ruf Christi wahrnehmen, um ihm dann zu folgen. Unter Tränen frage ich mich wieder, warum das so für mich nicht gestimmt hat, obgleich ich ebendiesem Ruf gefolgt bin, um anderen zu dienen. Oder muss ich schlichtweg den nächsten Schritt tun und mir sagen, dass ich über diese Fragen hinausgewachsen bin?

Im Oktober 2015 sind es 20 Jahre seit meinem Austritt. Mit 21 Jahren wird man volljährig, also selbstständig und vom Elternhaus abgenabelt. Das brachte eine Bekannte auf den Punkt, als sie mich darauf aufmerksam machte, dass ich jetzt den »Baby Blues« erleben werde, wie nach der Geburt eines Kindes. Somit geht es bei meinem neuen, »dritten Kind« einmal mehr um meine Eigenständigkeit. Ich muss nichts bereuen. Und vielleicht kann meine Trauer Anstoß sein und Mut zur Veränderung in unsere Kirche bringen.

Als ich am Abend bedächtigen Schrittes den Abhang am Ende des Dorfes hinaufgehe, kann ich von oben in die Ferne blicken. Die Sonne geht unter und verfärbt die Wolken des dunkelnden Abendhimmels. Einige Strahlen kämpfen sich durch; ein letztes Aufleuchten in flammendem Rot. Es erinnert an Kampf, an Vergangenheit, an Mühsal. Es ist nicht nur ein Tag, der zu Ende geht. Es ist auch ein fernes Abbild der Kirche, deren Turm von diesen Strahlen umhüllt wird. In der entgegengesetzten Richtung blinken die hellblauen Warnlichter eines Rettungswagens. Wie symbolhaft für dieses abendliche Schauspiel. Wie lange müssen wir, die wir an unsere Kirche glauben, noch warten, bis sie uns ernst nimmt? Sind die krankhaften Unfälle nicht Warnzeichen genug? Warum wird der Schmerz überspielt und alles immer schöngeredet?

Plötzlich wird die Öffentlichkeit wieder aufgeschreckt durch die Geschichte einer anderen Nonne, Doris Wagner, durch ihr Zeugnis in Talkshows und der Biographie: »Nicht mehr ich, die wahre Geschichte einer jungen Ordensfrau«. (Stern TV 13.11.14) Sie tritt 19-jährig, nach dem Abitur, in einen Orden ein, weil sie sich berufen fühlte. Doch dann wurde der Traum, Gott zu dienen, für sie zum Albtraum. Als sie acht Jahre später, 2011, den Orden verlässt, ist sie depressiv, praktisch mittellos und hat keine sozialen Kontakte mehr. Sie erhebt schwere Vorwürfe über ihre Zeit im Orden, denn sie sei jahrelang sektenartigen Strukturen ausgesetzt gewesen, habe Überwachung, Unterdrückung, Manipulation und soziale Isolation erlebt. Dazu kommt, dass sie mehrfach missbraucht wurde.

Ich sitze vor dem Bildschirm und schaue diese für mich neue »Ehemalige« an, während sie ohne Pathos, aber mit offenem Blick und ohne falsche Scheu die Fragen im Fernsehen beantwortet und ihre Erlebnisse schildert. Auch sie wagt es, das auszudrücken, was wahrscheinlich niemand, der nicht Ähnliches erlebt hat, nachvollziehen kann. Ich staune, wie sie ganz selbstverständlich von ihrer Gottesliebe spricht, wie fasziniert sie davon war, in einem Orden Dienst zu tun, bis ihr allmählich klar wurde, dass etwas nicht stimmen konnte, denn ihr Ureigenstes, ihr Selbst, wurde systematisch unterdrückt. Sie konnte nicht mehr ICH sein.

Es ist mir bei vielem, was sie sagt, als höre ich mich sprechen. Unglaublich. Ihr Orden, »Das Werk«, wurde zwar erst 1938 gegründet, ist aber ebenso päpstlich approbiert, wie auch wir es sind. Es ist einfach eine Tatsache, dass diese klösterlichen Strukturen etwas Absolutistisches an sich haben und die Natur der Einzelnen zu unterdrücken vermögen. Dazu fallen mir die Worte des Bundespräsidenten Joachim Gauck ein, der über das DDR-Regime bestätigt, dass es diese »jahrelange antrainierte Anpassung« gab (bei der Feier zum 25-jährigen Jubiläum des Mauerfalls). Damit versuchte er zu erklären, warum die Mehrheit der Menschen in der DDR mehr oder weniger »mitmachte«. Auch hier, bei meiner neuen Verbündeten (auch wenn sie nichts von mir weiß), zeigt sich diese Tendenz.

Natürlich gibt es sofort eine Gegendarstellung im Internet auf www.kath.net/news/ vom Regionalverantwortlichen dieser Gemeinschaft aus Feldkirch. Im Wesentlichen bedauern sie, »dass ein Priester unserer Gemeinschaft eine kurze intime Beziehung zu der damals 24-jährigen Schwester unterhalten hat.« Was aber gar nicht zur Sprache kommt, ist die für mich erschreckende Tatsache, dass die Schwestern wussten, dass ihnen niemand glaubt, denn wenn es zu einem Übergriff kam, sei die Schuld immer bei ihnen zu suchen und zu finden (Talkshow). »Die Frau ist diejenige, die verführt.« Diese Theorie scheint es im »Das Werk« bis heute zu geben. »Wahrhaft erzkonservativ«, wie es in der Presse hieß.

Hat unser Papst, der sich seit seiner Ernennung als »Bischof von Rom« bezeichnet, also ein »Bruder unter Brüdern« (Johannes XXIII.) ist, nicht die Fähigkeit, wirklich etwas zu ändern? Oder hat der Geist Christi noch nicht die Oberhand gewonnen, um absolut klar zu machen, dass Leben immer Veränderung verlangt? Jedes Leben. Wie der menschliche Organismus, der sich durch die unterschiedlichen Kreisläufe im Körper auszeichnet wie z. B. das reichhaltige Blut, das durch Herz und Adern fließt oder durch die Kapillaren der Lunge, angereichert durch Sauerstoff, den Stoffwechsel in den Zellen, die Haut, das Verdauungssystem, der komplette Bewegungsapparat, die komplexen Nervenbahnen und wie sie alle mit anatomischen Begriffen bezeichnet werden. Sie sind ständig in lebendigem Austausch miteinander, und sie erneuern sich, werden angereichert oder ausgeschieden. Ein Wunder der Schöpfung, das sich täglich in jedem von uns vollzieht. Unser eigener Körper erinnert uns an dieses wundersame Phänomen des »Stirb und werde«. Wir aber sehen und hören, ohne zu verstehen? Dabei ist jeder gefragt, ja aufgefordert, bei sich persönlich zu beginnen. Im Katechismus unserer Kirche lese ich unter Nr. 372 – 374: »Durch das Gewissen, das im Innersten des Menschen wirkt, kann der kluge Mensch die Stimme Gottes, der in ihm ist, vernehmen. Und – aufgrund der persönlichen Würde eines jeden darf der Mensch nicht gezwungen werden, gegen sein Gewissen zu handeln«. Worauf warten wir also noch?

Veränderung – im Fluss der Zeit

Bereits vor 20 Jahren schrieb mir ein Jesuit aus Montreal: »Keep moving, that is life, and life means change!« Dieser Brief gehört für mich zu seinem Lebensvermächtnis. Er ermutigt mich, »am Ball zu bleiben«, denn Bewegung sei ein Zeichen des Lebens. Wohin dieser Weg führe, würde sich schon zeigen, wenn ich bereit sei, auf mein Inneres zu horchen.

Drei Jahre später trat ich aus dem Orden aus und besuchte das Grab dieses Freundes in Kanada. Er hatte mich in den Jahren der Aids-Arbeit am Kilimandscharo als mein Beichtvater begleitet. Er wurde Zeuge meiner inneren Unruhe, meines ständigen Suchens, meiner Zwiesprache mit Gott und des Dialogs mit den Vorgesetzten. Letztere verwiesen mich immer wieder auf Paragraphen, die es im Alltag zu erfüllen gab. Entweder weil sie selbst keine bessere Antwort wussten, oder aber weil sie verhindern wollten, dass die größere Freiheit im Handeln, die ich forderte, zu mehr Eigenverantwortung führte und ihnen dadurch Macht entzogen wurde.

Als Beispiel kann ich nur mein eigenes Leben anbieten. Dadurch, dass ich wage, es öffentlich zu beschreiben, dass ich mein Ringen um Klarheit kundtue, ist es wie die Beschreibung eines Pilgerweges, den heutzutage viele Suchende bereitwillig auf sich nehmen. In diesem Sinn stehe ich exemplarisch für all jene Frauen, die zwar nicht durch einen exzentrischen Klosteralltag eingeengt werden, die sich aber ebenso von äußeren Zwängen bestimmen lassen. Die nicht zugeben können, dass sie im tiefsten Inneren unglücklich sind, weil sie eigentlich eine Rolle spielen, eine Funktion ausüben und nicht wirklich leben. »Muss ich mich von meinem Mann zu Tode prügeln lassen, nur weil wir kirchlich getraut wurden?«, empört sich eine gute Bekannte. Oder »Muss ich akzeptieren, dass mein Mann ständig fremdgeht, nur damit ich kirchlich nicht in Ungnade falle?«, höre ich andere mutige Stimmen. Die meisten leiden jedoch lieber still vor sich hin und bleiben stumm. Wenn die eigenen Kinder sie dann einmal zur Rechenschaft ziehen und sagen, dass sie diesem unterwürfigen Beispiel nicht folgen wollen, ist der Schrecken groß und das Leid noch schmerzlicher. Denn im Stillen glaubt jede Mutter, so handeln und die »zweite Geige« im Hause spielen zu müssen, um den Frieden zu wahren und damit den Kindern etwas Gutes zu tun. In Wirklichkeit sieht die Realität ganz anders aus, und ein Großteil der Familien ist heute durch schmerzliche Auseinandersetzungen belastet.

Wenn ich wachen Auges durch die Straßen gehe, wundere ich mich oft, warum mir so viele Menschen bekannt vorkommen, selbst wenn ich in mir fremden Städten bin. Manchmal frage ich mich, ob das an den vielen »Fernsehvorbildern« liegt. An der ähnlichen Mode und dem künstlichen Make-up. Aber dann kommt mir eine viel sinnvollere Erklärung. Sind wir Menschenkinder in der heutigen Zeit uns noch unserer Einmaligkeit bewusst? Dass wir alle Unikate sind und ein Recht darauf haben, geachtet zu werden? Ich glaube, dass wir das häufig vergessen, denn diese Wertschätzung müssen wir uns zuallererst selbst geben. Wenn sie von außen kommt, kann sie höflich sein und nur von kurzer Dauer. Wenn sie aus unserem Inneren kommt, ist sie unverwüstbar. Wir strahlen diese Würde aus, unabhängig von unserer Kleidung und Aufmachung. Heute haben viele Menschen hier bei uns die finanzielle Möglichkeit, sich gut zu kleiden. Das allein genügt aber nicht. Es ist die Art, in der wir uns geben, die den Unterschied, die uns authentisch und glaubwürdig macht.

Komischerweise fällt mir gerade das kleine Mädchen ein, das ich heute auf der Toilette überraschte. Die Tür war angelehnt, deshalb glaubte ich sie unbesetzt. Ich schritt ein und blieb verdutzt vor der kleinen Person stehen, die mich mit festem Blick anschaute. Sie thronte buchstäblich dort und blieb ganz ruhig sitzen. Lächelnd erwiderte ich ihren Blick. Prüften wir einander und bejahten die jeweilige Präsenz? Worte waren nicht nötig. Jede hatte ihren Platz. Dann nahm ich die nächste Kabine. Diese fast unscheinbare Begegnung beglückt mich.

Zurück im Auto höre ich eine flotte Musik: »... träume von dir!« Bleibt mir im Ohr. Der Sänger träumt von seiner Geliebten, sie von ihm? Unentwegt und mit allen Fasern seines Wesens. Die Melodie setzt sich fest. Träumt es auch in mir?, frage ich mich spontan. Von wem bin ich so »besessen«, dass der Gedanke in mir solch belebende Resonanz hervorruft? Das Gefühl des Verliebtseins ist etwas Fantastisches, es weckt unwahrscheinliche Kräfte. Doch bevor ich der Frage weiter nachgehe, wird schon die nächste Regung in mir wach: Träumt auch Gott von mir? Ich bin doch nur einer von sieben Milliarden Menschen, die ständig kommen und gehen. Aber – so will ich mich fast verteidigen – ich gehöre auch zu denen, die sich in besonderer Weise darum mühten, Gott als Geweihte oder »Auserwählte« zu dienen, indem ich (unter anderem) auf die Gründung einer eigenen Familie und auf eigenen Besitz verzichtete. Zählt das nicht doppelt? Wohl kaum. Seine Gedanken sind hoch und unbegreiflich über den unseren. Gott meint jeden von uns, wenn er durch den Propheten Jesaja sagen lässt (49,16), dass er »meinen Namen in seine Hand geschrieben hat um ihn immer vor Augen zu haben«. Oder durch den Psalmisten (Psalm 139,13 und 16) »du hast mein Inneres geschaffen, mich gewoben im Schoß meiner Mutter« und »meine Tage waren schon gebildet, als noch keiner von ihnen war«. Denn »ob ich gehe oder ruhe, es ist dir bekannt, du bist vertraut mit all meinen Wegen« (Psalm 139, 3). Meint dieser Gott es wirklich so ernst mit jedem Einzelnen von uns Menschen? Ganz sicher, sonst würde es nicht weiter (Jesaja 49,15) heißen:« Kann denn eine Mutter ihr Kindlein vergessen, eine Mutter ihren leiblichen Sohn? Und selbst wenn sie ihn vergessen würde: Ich vergesse dich nicht!«

Da steht es, im Buch der Bücher, der Bibel, schwarz auf weiß gedruckt, seit Jahrtausenden fest verankert. Der unfassbare Schöpfergott vergleicht seine Liebe mit der einer unserer menschlichen Mütter, die oft zu wahren Helden in ihrer selbstlosen Mutterliebe werden. Dennoch besagen diese Worte, dass Gottes Liebe noch verlässlicher ist. Fast unglaublich, aber wunderbar. Während ich dieses im Herzen sinniere, streicht ein lebendiger Windhauch sanft durch die dunkelgrünen Blätter des Kirschbaums im nahen Garten. Wie von Geisterhand werden sie bewegt, ja tanzen sie in lebendigem Rhythmus. Ich staune. Es lebt um mich. Ein zusätzlicher Sonnenstrahl lässt das so alltägliche Bild dieser Schöpfung wundersam aufleuchten.

Ist es nicht ähnlich, wenn Rabindranath Tagore, der indische Gelehrte, davon spricht, dass der Mensch wohl ein

Instrument Gottes ist, auf dem dieser seine Melodie spielen möchte. Sie klingt dann in mir, sodass ich wie im Traum davon bewegt werde und mich leiten lasse. Beglückt, dass mein Leben einen Sinn hat. Dankbar, dass ich nicht allein bin, sondern Teil dieses Ganzen der Schöpfung und seines Planes. Gehalten wie die Braut in den Armen ihres Bräutigams, weil diese Liebe unfassbar ist. Auch wenn das schwärmerisch klingt, so hindert mich das nicht, es so auszudrücken.

Was das für mich in alltäglichen Lebenssituationen bedeutet, zeigt sich vielleicht in den Erlebnissen eines Kurzurlaubs in der Eifel, die ich hier skizzieren möchte. Sie sind ein Ausschnitt dieses Wandlungsprozesses, in dem sich jeder von uns ein Leben lang befindet.

Erster Tag: Bevor ich morgens zu meiner Freundin fahre, um mit ihr in der nahen Eifel einen Kurzurlaub zu beginnen, schaue ich noch schnell in meine Mails. Da lese ich, dass ein mir unbekannter Artikel in der Kölner Rundschau steht. Komisch, denke ich, dazu gibt es doch keinen aktuellen Anlass? Oder doch. Der Anruf einer weiteren Leserin belehrt mich eines Besseren. Es geht um meine Lesung in Junkersdorf, die bereits vor über drei Monaten war. Da ist aber jemand hartnäckig. Die reißerische Überschrift: »Die Wunden einer verstoßenen Nonne« machen mich noch neugieriger. Aber mehr erfahre ich zunächst nicht; der Artikel soll mir zugeschickt werden. »Habe ich von meinen Wunden gesprochen?«, frage ich mich. Und wenn, welche Wunden sind gemeint? Trägt nicht jeder Mensch im Laufe seines Lebens Wunden davon? Jeder kann nur durch seine »eigene Brille« Erlebtes beurteilen, sagt es in mir. Aber warum bin ich so aufgewühlt, überlege ich weiter? Hängt das vielleicht mit der Chancenlosigkeit meiner früheren Begegnungen mit den offiziellen Vorgesetzten zusammen, denen ich durch das System fast machtlos ausgeliefert war? Heute kann ich darauf verweisen, dass meine eigene »Bewertung« oder besser gesagt, mein Zeugnis, in meinen Büchern steht. Das sollte mir genügen. Dennoch, trotz Urlaub, kreisen meine Gedanken weiter um diesen Artikel, der sich als journalistisch gelungen herausstellt, denn alle Aspekte des Erlebten in diesen zwei Stunden der Lesung wurden festgehalten und gespiegelt. Eine lebendige Wiedergabe, die dazu anregt, sich persönlich mit dem Thema auseinanderzusetzen. Genauso, wie ich es mir im Grunde wünsche!

Im Laufe des Tages fällt mir ein TV-Bericht über Zeugen Jehovas und deren Versuch, aus der Sekte auszuscheiden, ein. Eine Expertin erklärt, dass es oft die Furcht sei, die ehemalige Mitglieder bedrängt. Denn ihnen wurde »eingeimpft«, dass nach einem begangenen Fehler immer die Strafe Gottes folgt. Somit würde sie der Fluch Gottes treffen, weil sie seinen Geboten im Bunde dieser Sekte nicht treu geblieben sind. Das ist ein starkes Motiv, um den Austritt zu verhindern, aber ebenso, die erlangte »Freiheit« in Frage zu stellen. Diese Angst würde sie so lange begleiten, bis sie sich von ihr verabschieden konnten. Erst wenn sie verstanden hätten, dass ein Zusammenhalt aus Ge- und Verboten in einer Gemeinschaft nicht genüge, um wahre Gottes- und Nächstenliebe zu üben. Erst dann könnten sie sich von dieser Angst wirklich befreien. Ist es nicht ähnlich bei der Mitgliedschaft im Orden?

Bei meinem Schmerz um den Austritt geht es jedoch noch um mehr bzw. um etwas anderes. Ich wollte mit Leib und Seele Ordensfrau sein und war es auch. Meine innere

Verbindung zum Gott des Lebens und der Liebe sowie der Hoffnung und auch der Allmacht ist unverändert lebendig geblieben, denn ER hat mich nicht abgewiesen.

Nur dadurch ist es mir möglich, den für mich unüberwindlichen Zwiespalt zwischen meiner reellen Erfahrung und dem tieferen Sinn eines Lebens der gottgewollten Berufung durchzustehen und so lange auszuhalten. Deshalb hindert auch keine Angst der Bestrafung mein jetziges Leben. Es tut jedoch weh zu erleben, dass meine Stimme nicht gehört wird. Dass meine Versuche, auf die erlebten Missstände aufmerksam zu machen, verdrängt und verteufelt werden. Aber zum Schweigen lasse ich mich dadurch nicht verurteilen. Dafür ist mein Dazugehörigkeitsgefühl zu stark ausgeprägt. Ich habe so vieles angestoßen, angemahnt, vorgelebt, das kann nicht umsonst gewesen sein. Das Leben in anderen Kulturkreisen, gemeinsam mit jüngeren Menschen, die sich für ein gottgeweihtes Leben entschieden hatten, um dieses Licht des Glaubens auch in ihrem Land zu verbreiten, zu festigen und denen zu bringen, die an Hunger, Krankheit, Ausgrenzung litten, war es wert, mich so zu verausgaben. Aber in einer Kirche, in der die Stellung der Frau jedweden Standes, auch des Ordensstandes, zweitrangig war und ist, kommt mein und unser Bemühen mehr als einem Spießrutenlaufen nahe.

Deshalb wage ich eine Umwandlung der Worte von Kofi Annan, dem früheren UN-Generalsekretär, »Die einzige Impfung gegen Aids ist Frauenpower.« in meine Aussage: »Die einzige Impfung gegen die Schieflage in der Kirche ist Frauenpower.« Die echte Wertschätzung der Würde der Frau – nicht nur durch fahles Lippenbekenntnis – ist durch eine neue Stellung in Augenhöhe nötig und möglich. Sie ist das einzige Heilmittel für die Kirche, sich in dieser von

Umwälzungen betroffenen Lage in der Welt von heute behaupten zu können und ihre Mission effektiv auszuüben.

Soviel zu dem Artikel und zu meinen Emotionen, von denen ich mich nicht befreien kann, die ich aber so lenken möchte, dass sie dazu beitragen, dass ich immer »vollkommener« oder besser, menschlicher werde.

Am Nachmittag geht es auf zu ersten Erkundigungen am Rursee. Für mich wird alles zu einer Fotosafari, auf der ich so viele Aufnahmen mache wie möglich. Es freut mich später, an diese wunderbaren Momente durch die Fotos erinnert zu werden; sie prägen sich dadurch intensiver ein. So erblicke ich plötzlich ähnlich wie in einem Zeitfenster ein Stück Regenbogen unter dem Kondensstreifen eines in die Höhe strebenden Flugzeuges. Es spiegelt sich schwach in der dunklen Tiefe des Sees. Ich bleibe wie gebannt stehen. Hatte ich diese Zeichen wieder vergessen? Dabei schmückte es das Anlaufzentrum für HIV/Aids in Moshi, das ich aufgebaut hatte. Gehört nicht jeder Regenbogen für mich zu dem wunderbaren Vermächtnis Gottes? Dieses Wissen lässt mich auch jetzt wieder innerlich ruhig werden. Wenn ich nicht an Gottes Versprechen glauben kann, an was dann?

Auf dem Rückweg begegnen wir der Hündin Mira, die von ihrem Herrn geduldig an der Leine geführt wird. Schwerfällig zieht die Betagte ihre Hinterläufe nach sich, verursacht durch einen Wirbelsäulenvorfall. Sie ist elf Jahre alt, das mal Sieben lässt uns das Alter von Hunden mit unserem vergleichen. »Alle Achtung, da geht es mir ja blendend«, schießt es mir durch den Kopf. Dann fehlt mir nur noch ein Jahr, bis ich soweit bin (77), rechne ich schnell aus. Aber: So Gott will! Das ist meine Devise. Anders geht es auch nicht.

Auf WDR sehe ich abends einen Film über den ostafrikanischen Grabenbruch, dem Rift Valley mit der Serengeti, der Masai Mara, dem heiligen Berg Ol Doinyo Lengai und dem Ngorongoro-Krater. Was für eine Überraschung. Diese Orte kenne ich ja alle. In diesem Weltkulturerbe ist auf nur 260 Quadratmetern die Tierwelt ganz Afrikas vertreten. Mein Herz schlägt höher, denn die großartigen Dickhäuter ziehen ungestört durch die Savanne der nächsten Wasserquelle entgegen. Genauso habe ich sie oftmals live erleben dürfen. Diese wunderbaren Riesen, die das ganze Ökosystem der einmaligen Landschaft Ostafrikas aufrechthalten! Und meine geliebten Giraffen? Die sind nicht zu sehen, wahrscheinlich konnten sie den hohen Ngorongoro-Kraterrand nicht hinaufklettern. Giraffen sind nicht nur das Symboltier des Landes Tansania, sondern auch meine Symboltiere, denn jede afrikanische Familie hat ihr eigenes Tierzeichen. Die langhalsige, neugierig von oben auf die Welt schauende Giraffe schien passend für mich zu sein, meinte meine ehemalige Klosterfamilie am Kilimandscharo. Ich komme aus dem Staunen über diese fantastische Dokumentation gar nicht mehr heraus, damit hatte ich einfach nicht gerechnet.

Da lande ich unvorhergesehen in meiner früheren Heimat und kann mein Herz und Auge an dem erfreuen, was ich früher in Echtzeit erleben durfte. Für mich ist diese Landschaft Ausdruck der Vielfalt, Wildheit und Schönheit eines Landes, das auch als Ursprung oder Wiege der Menschheit bekannt ist. Es ist wie ein Kontrastprogramm zu dem, was ich jetzt hier in der Eifel erlebe. Denn genauso, wie die Kratergebiete des Ostafrikanischen Grabens vor Millionen von Jahren entstanden sind, so hat sich auch die Eifeler

Kraterlandschaft seit Jahrmillionen entwickelt und zeugt von Ursprünglichkeit und naturbelassener Landschaft.

Zweiter Tag: Weder den Sonnenaufgang noch den -untergang können wir auf der Oberfläche des Seewassers sich spiegelnd beobachten, weil die umliegenden Berge zu hoch sind. Aber der Himmel zeigt uns an, wie er sich aufhellt und wie das Wetter wird. Die Kühle der Nacht sorgt für morgendlichen Nebel, der in Schwaden über den See dahinzieht. Die buntgefiederten Enten schwimmen in ruhigem Tempo ihre Bahnen; jede hinterlässt ihre eigene Spur, deutlich durch die sich kräuselnden Wellen des Sees zu erkennen. Das lässt mich an unsere eigenen menschlichen Spuren denken. Diese sind oft äußerlich weniger auffallend, und dennoch ist jedes Leben davon gezeichnet. Wir müssen uns nur die Mühe machen, der je einmaligen individuellen Spur nachzugehen.

Heute haben wir uns vorgenommen, noch ein Stück weiterzuwandern, am See entlang, und dann von der nächsten Anlegestelle mit dem Rursee-Schiff wieder zurückzukommen. Unser Weg fällt an der einen Seite steil ab und folgt dabei den Konturen des Sees, auf der anderen Seite unseres Pfades ragen typische Schieferfelsen aus dem dicht bewachsenen Waldboden. Die Bäume streben nach oben, zum Licht. Doch ist genauso zu erkennen, wie die Strömung oder der Zug des Windes sie geprägt haben, denen sie ständig ausgesetzt sind. Wie viel Symbolik gibt es da zu beobachten. Unter uns die stete Bewegung der Wellen auf dem See; über uns das unentwegte Dahinziehen der Wolken. Und ich, die ich dazwischen bin, nehme die Bewegung mit den Augen wahr; fühle die Berührung durch den Wind auf meiner Haut und weiß mich dennoch angezogen von der Statik der Erde, sodass ich stehen kann und von ihr gehalten werde. Ähnlich sehe ich mich in dem Ganzen vom Schöpfergott gehalten. Und in dieser tiefen Stille und Ruhe der Natur, nur von einigen Vogelstimmen hin und wieder durchbrochen, fällt es leicht, das zu glauben. Ein bunter Schmetterling setzt sich vor uns auf den Weg und schwebt davon, jedes Mal, wenn wir weitergehen; mal rechts und dann wieder links, als wolle er uns begleiten. Wie ein Pfauenauge. Wunderbar anzuschauen. Kann ich mir diese Natur, diese dankbaren Regungen meines Herzens verdienen? Ist nicht alles Geschenk? Meine Freundin erklärt mir, dass sie sich als Teil dieses ganzen Puzzles sieht, das der Natur aber auch das der Schöpfung.

Als wir am Ziel in einem Gasthaus Einkehr halten, erinnert mich Edeltrud daran, dass wir früher schon einmal hier waren, aber unter ganz anderen Bedingungen. »Du warst damals richtig zickig. Du wolltest die Strecke eigentlich nicht gehen. Wir waren zu mehreren. Du meintest, es würde zu anstrengend für dich.« Ich überlege krampfhaft, um die Gründe für mein damaliges Verhalten zu finden. Wehrte ich mich, wusste aber nicht, wie? »Damals hattest du noch den Tunnelblick. Damit will ich sagen, dass du überzeugt davon warst, das nicht zu können, von dem du von vornehmeherein glaubtest, es nicht zu packen. Deshalb schrecktest du davor zurück.« – »Das heißt wohl, dass ich damals nicht bereit war, Neues auszuprobieren. Der Austritt aus dem Kloster hatte wohl gereicht. Dann zeige ich heute, dass sich da einiges geändert hat, nicht wahr?« »Allerdings!«, kam von ihr zur Bestätigung. Wenig später begegnen wir einem jungen Paar mit ihren Kindern an der Anlegestelle für das Rurschiff.

Der kleine Fabian, zweieinhalbjährig, lässt unentwegt sein »Nein« erklingen. Nichts passt ihm, und wenn auf die unentwegte Mühe der Mutter doch mal ein »Ja« zum Ausdruck kommt, folgt prompt das nächste Nein! Er jammert vor sich hin, denn der Mittagsschlaf fehlt dem Kleinen. Da muss ich auf einmal lachen und frage meine Freundin: »Hast du mich damals auch so empfunden wie wir jetzt den nörgelnden Fabian?«

Dritter Tag: Es regnet heftig. Deshalb entscheiden wir uns, nicht zu wandern, sondern einen Ausflug in die umliegenden Ortschaften zu machen. Das ist leichter gesagt als getan, denn die Eifel ist hügelig, und nicht alle Straßen führen auf geradem Wege zum gewünschten Ziel. Wir suchen unsere Richtung und müssen diese mehrmals korrigieren. Wir wollen uns führen lassen, aber es fällt nicht leicht, umzukehren und es nochmals zu versuchen, unseren Weg zu finden. Wie im wahren Leben müssen wir mutig sein zuzugeben, dass hier etwas nicht passt. Aus 25 Kilometern wird das Doppelte. Aber es schadet uns nicht. Wir haben Ferien und können uns die Zeit nehmen, die uns guttut. Bad Münstereifel, neues Outlet-Centre. Für mich scheint es, als wäre die frühere Lebendigkeit in den Ort mit der gut tausendjährigen Geschichte zurückgekehrt. Alle Häuser sind denkmalgeschützt. Das für die Eifel so bekannte Fachwerk, manchmal bunt verziert, wirkt einladend, und alles scheint innerhalb der unversehrten Stadtmauer gehalten. Alt und Neu finden hier eine gelungene Symbiose. Das ehrwürdigste Bauwerk der 830 als Kloster gegründeten Stadt ist die romanische Stiftskirche.

Und schon bin ich wieder mit meiner Vergangenheit konfrontiert. Das erinnert mich daran, welchen Einfluss die Klöster zu ihrer Gründungszeit hatten und wie wichtig sie waren, um die christliche und soziale Kultur ihres Umfeldes zu prägen. Dazu kann ich im Herzen nur ein »Danke« sagen. Und ein weiteres Danke, weil auch ich dazu beitragen konnte. Denn in Ostafrika und Zimbabwe war ich nicht nur Missionarin, sondern als deutsche Bundesbürgerin gleichzeitig auch Botschafterin meines eigenen Herkunftslandes.

Zurück im Hotel setzen wir uns erst einmal mit unserem Aufenthalt hier auseinander. Mit unseren Zimmern, die einen Nebeneingang haben und deshalb auch – wie heute – durch Regen führen, fühlen wir uns ausgegrenzt. Da es jedoch keinen anderen freien Platz gibt, haben wir zugestimmt. Und der Preis stimmt. Es ist also unsere eigene Entscheidung. Trotzdem gilt es, sich mit der aufkeimenden Frage auseinandersetzen: Werden wir diskriminiert? Weil wir zu jedem Frühstück einen anderen Platz zugewiesen bekommen, d. h. unsere Zimmernummern stehen auf immer neuen Tischen, die wir erst ausfindig machen müssen. Wir beobachten jedoch, dass die anderen Gäste gezielt auf ihre Tische zugehen. Ich versuche es mit Humor und mache auf Missstände aufmerksam wie z. B. das auf meinem Platz abgestellte verschmutzte Geschirr, das jetzt neben der Teevitrine darauf wartet, mitgenommen zu werden. Oder auf die wandernde Spinne, die sich neben dem Liebespaar von Chagall über meinem Bett anscheinend sehr wohl fühlt. Was müssen wir selbst tun und in der Einstellung zu uns persönlich ändern, damit wir so wahrgenommen werden, dass uns der Respekt gezollt wird, den wir verdienen? So die weise Feststellung von Edeltrud.

Dazu keimt in mir die Frage auf, wie wir beide eigentlich im Dialog zueinander stehen. Erlaube ich mir »den Kontakt auf Augenhöhe«, wie es für echte Freundschaft selbstverständlich sein sollte, denn wir haben die gleiche Wertschätzung füreinander. Und dadurch finden wir beide auch den stimmigen Konsens. Die humorvollen Bemerkungen unserer neuen Tischnachbarn, die ihren Urlaubstag in Aachen verbringen wollen, lassen aufhorchen. »Meine Geburtsstadt«, sage ich stolz, auch wenn ich nie da gewohnt habe. »Die Krönung des Kaisers war um 800«, weiß ich zu erklären, um auf den Dom aufmerksam zu machen. »Da war ich noch nicht geboren!«, kam prompt die Feststellung des Niederländers. »Karl der Große als Vorfahre!« Wir lachen herzlich, und schon hebt sich die Stimmung, und der begonnene Tag sieht freundlich, ja einladend aus.

Vierter Tag: Der Besuch in der Ortskirche, die pünktlich morgens und abends jeweils um sieben Uhr die Glocken läuten lässt, macht mich auf das Bild einer Nonne aufmerksam, die als »selig« bezeichnet wird. Und schon sind wir bei dem Thema Nonnen, die nach der Erfahrung meiner Freundin von den meisten Menschen als etwas ganz Besonderes angesehen werden. »So, als seien sie keine normalen Menschen. Woher kommt das?« – »Ist es nicht die Aura des Unbekannten und deshalb Geheimnisvollen, die sie umschwebt?« – »Ja, das wird sicher dazu beitragen. So ungefähr fühlte ich mich in meinem ›‹früheren Leben‹ auch manchmal. Denn wir wurden ja buchstäblich darauf getrimmt, dass wir etwas Besonderes, eigentlich Besseres sind. Leider mit fatalen Folgen.« – »Da bist du als ausgetretene Ordensfrau ja ein glänzendes Beispiel«, meint Edeltrud lachend.

Als wir später an einer umzäunten Koppel vorbekommen, auf der Rehe grasen, will ich meinen Augen nicht trauen. Das ist doch nicht möglich, schießt es mir durch den Kopf. Die gehören in den Wald und in die Freiheit. Sie müssen ihre eigenen Weideplätze suchen und finden können, denke ich ganz empört. Wie haben wir uns in meiner Jugend in der Heide behutsam, ja lautlos an das äsende Rotwild herangepirscht! Wir schätzten uns als Kinder glücklich, wenn wir sie beobachten konnten und glaubten, dadurch an ihrem Leben teilzuhaben, das in meinen Augen auch mit grazilen, lebensfrohen Sprüngen und ständig neu verteidigter Freiheit zu tun hat.

Aber was passiert hier?, frage ich mich. »Die werden gezüchtet, damit die Gäste Rehfleisch essen können. Was gab es denn bei unserem Besuch hier am vergangenen Sonntag auf der Speisekarte?« Ich erschrecke. Wieder einmal habe ich nicht nachgedacht. Das soll mir nicht noch einmal passieren, sage ich mir im Stillen. Der nächste Gedanke ist noch erschreckender. »Ging es mir im Kloster nicht ähnlich wie diesen Tieren, denen die freie Wildbahn geraubt wurde? Ein Leben nach den Regeln der ›Machthaber‹! Es galt ihnen zu genügen, damit der saftige Braten später einmal dazu dient, Erfolg vorzuweisen. Getrimmt, trainiert, mit genauem Speiseplan, alles wird so abgestimmt, dass es den bestmöglichen Braten erzeugt. Äußerlich scheint alles perfekt zu sein, und das Leben des Rotwildes wird sicher nach besten ökologischen Grundsätzen geregelt. Aber – es gibt nur das Gehege.«

Mich schüttelt es regelrecht bei diesem Vergleich. Doch bin ich mittlerweile lange genug aus dem Dunstkreis des Ordens heraus, um durch die allmählich eintretende Distanz auch solche Gedankengänge zuzulassen.

Wie schön, das sich die Sonnenstrahlen abends trotz aller umliegenden Waldzonen mit betörender Strahlkraft auf den sich kräuselnden Wellen des Sees spiegeln. Herrlich. Eiligen Schrittes suche ich passende Aussichtspunkte und schieße ein Foto nach dem anderen. Das gibt mir reichlich Auswahl. Schon jetzt freue ich mich darüber, denn so bewahre ich in meiner Erinnerung diese wunderbaren Momente – in denen sich für mich Himmel und Erde vereinen. Und für Edeltrud werde ich die besten Fotos in ein Album kleben und sie ihr schenken. Welch passender Abschluss dieser Urlaubstage! Als Resümee nehme ich die Worte des bekannten Schriftstellers Paulo Coelho: »Und ich werde mich akzeptieren, wie ich bin. Als einen Menschen, der geht, fühlt, redet, wie jeder andere auch und der – trotz seiner Fehler – etwas wagt.« (»Die Schriften von Accra«)

Wieder daheim finde ich zwischen meiner Post den besagten Zeitungsartikel und schmunzele über das Foto, das mich in angeregter Stimmung, lachend zeigt. Zudem erfahre ich nach anderen Lesungen, dass der Orden gerne auf das im Internet kursierende Schreiben der von ihm aufgestellten Fakten betreffs meines Austritts verweist. Das scheint ihnen wichtig zu sein. Ich habe jedoch nie Stellung dazu bezogen, weil es sich aus meiner Sicht entweder um Halbwahrheiten handelt oder eben ganz aus dem eigenen Blickwinkel die sogenannten »Fakten« beleuchtet. Ich glaube eher, dass es bei einer Diskussion zu weiteren Haarspaltereien käme, die nicht wirklich helfen. Denn es geht mir im Wesentlichen nicht um meine eigene Person, sondern um das rechtliche Prinzip der Nachversicherung von ehemaligen Ordensmitgliedern.

Gepaart damit ist die häufige Diskriminierung dieser »Ehemaligen«. Das beginnt mit der demütigenden Bemühung um eine Nachversicherung, und das individuell, und das Stigma wird permanent fortgeführt, weil es an möglichen Dialogprozessen fehlt. So lese ich in einer Stellungnahme an die Kirchenleitung: »Seit wann ist es verboten, sich mit kirchenkritischen Personen auseinanderzusetzen? ... Wir weisen die nicht gerechtfertigte und bevormundende Einmischung zurück ... Um mehr Information über das viel diskutierte Buch von Frau Lenzen zu bekommen, luden wir sie zu einer Lesung ein. ... Dabei haben wir sie nicht als ›den Teufel in Person‹ kennengelernt, sondern als eine tiefgläubige, gottliebende Frau empfunden, die voll Sorge auf den Zustand der katholischen Kirche blickt. Dieses wurde durch die vielen zustimmenden Diskussionsbeiträge von den Zuhörern unterstrichen. Kritische Wortmeldungen gab es nicht ...«

Solche Stellungnahmen geben mir Mut und unterstützen meine Versuche, mir Gehör zu verschaffen. Denn es ist mehr als einmal passiert, dass Plakate mit der Ankündigung für eine Lesung aus dem Kirchenraum entfernt werden mussten oder aber, dass eine Lesung schlicht verboten wurde. Eigentlich kann ich stolz darauf sein, dass man mir so viel »Wertschätzung« entgegenbringt. Der Dialog, der durch die Lesungen in Gang kommt, könnte auch für das Ordensleben fruchtbar werden, wenn er zugelassen wird.

Eine meiner Freundinnen betont immer wieder: »Die Klöster haben bereits ein Ablaufdatum, bemühe dich nicht mehr so. Das Ende kommt von ganz alleine, denn der Nachwuchs aus unseren Tagen kommt nicht mehr zurück. Dafür ist es zu spät. Die Reformansätze, die du und ich vorgeschlagen haben, die sind längst verspielt. Schau auf die Alterspyramide.« Das weiß ich selbst nur zu gut, aber auch das hält mich nicht davon ab, meine Stimme zu erheben. Das will ich nicht glauben, dass das Ordensleben gar keine Zukunft mehr hat. Sind nicht auch andere Formen möglich? Da fallen mir die Jugendlichen aus Lüneburg ein, die sich ehrenamtlich für weniger Privilegierte einsetzten ...

Diese Begegnung ist ein Erlebnis für mich. Die noch kindhaft wirkende Kenianerin, die das einzige Auto mit dem Dürener Kennzeichen auf den Platz lenkt, auf dem die Gruppe den SOS-Kinderdorf-Stand aufgebaut hat. Sie sind alle voll im Einsatz für die »gute Sache«, sie werben für Patenschaften. Obwohl sie sich erst bei dieser Aufgabe kennengelernt haben, scheinen sie einmütig um Erfolg bemüht. Ihr Eifer ist ansteckend, und ich fühle mich in ihrer Runde wie die Oma, die Unterstützung anbietet, weil sie aus eigener Erfahrung um die Lage der Menschen in Afrika weiß. Besonders um die verzweifelte Lage der zahllosen Waisenkinder, denen wenigstens ein Elternteil an HIV/Aids erkrankt oder verstorben ist. Meine neu erworbene Freundin, die tatsächlich aus Düren kommt, ist in Deutschland geboren und kann nicht in Swahili antworten, weil sie ihre Ursprungsheimat noch nicht besucht hat. Das mindert nicht ihre Begeisterung über unser Zusammentreffen. Ich versuche diese Jugendlichen zu unterstützen, denn sie erkennen meinen 33-jährigen Einsatz für dieses noch immer unterschätzte Land sofort an. Es scheint, als wären wir für die gleiche Aufgabe im Einsatz. Sie, erst 18-jährig, und ich, über 75 Jahre, lassen unsere Herzen für die gleichen Werte begeistern.

Das heißt nicht, dass diese jungen Menschen in ein Kloster eintreten werden oder sollen. Nein, es geht mir hier um Werte, die wir teilen. Und diese Werte bilden den Keim für ein Leben für andere. Das kann nicht ohne Frucht bleiben.

Der Samen ist ausgelegt. Wie und wo der Samen aufgeht, bleibt abzuwarten.

Da ich gerade bei der Begegnung mit Afrika bin, möchte ich hinzufügen, dass der drittgrößte Kontinent nach wie vor seine ganz eigene Faszination hat. Mit Menschen, die offen unseren Blick erwidern, die in ihren Gliedern mehr Lebendigkeit ausstrahlen, als es uns steiferen Europäern in der Überzahl möglich ist. Wir sind Ende des 18.Jahrhunderts ungefragt in ihr Land eingedrungen. Wir haben ihnen nicht nur ihr Land genommen, es besetzt und unseren Großmächten einverleibt, ungeachtet ihrer eigenen territorialen und kulturellen Grenzen, sondern wir zeigten uns immer als die Stärkeren, Klügeren, Mächtigeren. Dabei war es unsere Art der Bevormundung und Gerissenheit, die finanzielle Überlegenheit und die skrupellose Ausbeutung ihrer eigenen Bodenschätze, die uns den Vorteil verschafften. Und das bis heute.

In etwa kann ich es mit meiner eigenen Erfahrung vergleichen. In vielem war und ist mir die Denkweise der Menschen meiner heutigen Umgebung fremd. Denn ich gehe immer von einem gewissen (unrealistischen) Idealismus aus. Dieser ist mir »zur zweiten Natur« geworden, und das kann so weit führen, dass ich vergesse, nach den Kosten zu fragen, wenn mir geholfen wird. Oder aber, ich halte es z. B. für selbstverständlich, dass ich im Gespräch mit einer Versicherung nicht übervorteilt werde, wenn mir der Gesprächspartner seriös erscheint. Dabei geht es ja ums Geldverdienen, also den wirtschaftlichen Aspekt. Und dieser stand bei meinem eigenen Service nie im Vordergrund, während es jeder Versicherung darum gehen wird, mich als Kunden zu gewinnen, ganz gleich, ob mir das Vorteile verschafft oder nicht.

Heute nun kommen diese Afrikaner – und andere aus ihren jeweiligen Krisengebieten – zu uns und versuchen, dem Krieg in ihrer Heimat oder der erschreckenden Armut zu entkommen. Für viele ist es genau 50 Jahre her seit der errungenen Selbstständigkeit ihres Landes. Mancherorts ist nicht mehr viel davon zu sehen oder zu spüren, denn die Infrastruktur war nur unvollständig auf- oder ausgebaut. Oder aber die eigenen Eliten des Landes, die zwar gebildet waren, aber nicht unbedingt auch idealistisch, machten es den früheren geldgierigen Machthabern nach und suchten jetzt als erstes ihren eigenen Vorteil und nicht den ihres Volkes. Wenn ich da Simbabwe anführe, ist es wohl ein Beispiel, das allen bekannt ist. Aber – es geht hier generell um die Flüchtlinge, die uns jetzt »heimsuchen«. Und – ob wir es wahrhaben wollen oder nicht – die wir als alternde Gesellschaft sogar bitter nötig haben, um heute selbst überleben zu können. Ich finde es wünschenswert, dass diese Tatsachen jetzt für beide Seiten zu einem guten Ende führen.

Übergang

Heute ist der Todestag meines Vaters. Auch wenn er über 30 Jahre her ist, berührt er mich jetzt wieder besonders. Anfang der Woche schloss ich mich einem Friedhofsspaziergang an, um mehr über pflegefreie Bestattungen zu erfahren; gestern hatten wir den 17. Jahrestag unseres Hospizvereins in Düren; und heute in der Fußgängerzone in einem Café verspricht mein Gegenüber dem Handy-Anrufer, dass er eine Kerze in der Kirche anzünden werde. Denn der Partner der Anruferin liegt im Krankenhaus. Aktuelle Berührungspunkte mit dem Tod. Mit dem Thema, dessen Ernst und Endgültigkeit wir gerne ausweichen. Dabei hat es auch sehr viel Tröstliches.

Die letzte herbstliche Rose öffnet ihre zarten gelben Blätter auf dem Balkon. Das helle Rot der Geranien in seinen verschieden starken Schattierungen verändert sich mit jedem heftigen Windstoß. Doch selbst die aufgelesenen Blüten, die ich sorgsam in eine Glasschale lege, zeugen weiter von Leben und Schönheit. Den Tod als Übergang zu sehen ist tröstlich, ja eine Herausforderung. Das Wissen in mir wachsen zu lassen, dass die Eltern mir vorausgingen, und zwar in dem Glauben, dass Christus uns allen vorausging, um uns «beim Vater eine Wohnung zu bereiten» (nach Johannes 14,2-4). Auch wenn dieser Akt des Glaubens ein fast heroisches Vertrauen voraussetzt. Meine Eltern – und so manche »Weggenossen« – haben es mir vorgelebt. Dafür bin ich dankbar, und daran möchte ich mich erinnern, wenn es schwerfällt, das Dunkel der Gedanken zu erhellen. Doch das sanfte Leuchten des Mondes und der helle Schein der Sterne werden umso deutlicher, je weiter die Nacht vorangeschritten ist. So habe ich es immer wieder beobachtet. Auch das gehört zum Wandel der Zeit, des Tages, der Gezeiten. Wir haben es tatsächlich vor Augen. Der Tag mit 24 Stunden im Wandel von hell und dunkel oder des Frühlings, Sommers, Herbstes und Winters sowie Ebbe und Flut.

Als ich einer betagten Freundin von meinen Eindrücken auf dem Friedhofsbesuch erzähle, lächelt sie mich freundlich an und meint: »Weißt du, mit Friedhöfen habe ich es nicht so. Viel wichtiger als ein Grabstein ist mir die rote Butterdose, die mein verstorbener Mann damals kunstvoll bearbeitet hatte, damit sie in unseren Kühlschrank passte. Auch nach 20 Jahren erinnert sie mich jeden Morgen beim Frühstück daran, wie liebevoll, umsichtig und praktisch mein Mann war. So bleibt er immer lebendig für mich.«

Für meine Mutter war es das handgeschriebene Gedicht:

Zwei unter Sternen

Wir gehen zu Zwei'n
geschwisterlich unter den Sternen
und jedes Herz
ist ein voller Krug,
ein Krug voll Wein.

Und jeder reicht ihn
dem andern
mitten im Wandern
zu einem tiefen Zug.
Unter den Sternen zu Zwei'n.

Dein Dich liebender Ludwig 1935 / 1982.

Zwei Monate später verstarb mein Vater. So blieben diese Zeilen für meine Mutter sein Vermächtnis.

Ich sehe ein Konzert auf dem Fernsehschirm, lausche der sich einschmeichelnden Musik, der auf- und absteigenden Töne und nehme mit Staunen wahr, wie die Stargeigerin ohne Notenblatt mühelos alle Partituren spielt. Und zwar sie ganz allein. Hat sie ihre Noten so verinnerlicht, dass sie die Musik gewissermaßen aus sich herauskommen lassen kann? Üben alleine genügt dafür sicher nicht. Sie ist wohl Teil dessen geworden, was der Musiker vor ihr aufs Papier brachte. So, wie wir Menschen uns mühen, unsere jeweilige Lebensaufgabe zu verstehen und aus der jetzigen Einsicht heraus zu leben. Wir glauben doch alle, dass wir als Mensch einen zu erfüllenden Auftrag für dieses Leben bekommen haben. Dafür horchen wir in uns hinein, um die einzelnen Töne dann zum Klingen zu bringen. Und im Konzert – wie im richtigen Leben – kommt die ganze Palette der Musik zum Vorschein, von zart und einfühlend bis laut, fordernd und dunkel, ja niederschmetternd oder doch siegreich und frohlockend. Es liegt an uns, die richtige Wahl zu treffen, damit unsere eigene Melodie geboren und lebendig wird und mit uns in Schwingung bleibt. Dann geht sie auch mit uns über diese letzte Brücke, wie ich sie symbolhaft auf dem Friedhof sah. Sie ist die Sprache unseres Herzens, die uns bleibt, selbst wenn die Stimme versagt und der Mund keine Kraft mehr hat, Worte auszusprechen.

Was hindert mich persönlich daran, meine Musik zu finden und zu spielen? Als Kind ertaste ich mir die Erfahrungen, die mich beleben und mir Erkenntnis bringen. Wenn ich wirklich spielen darf, ohne unnötig gemaßregelt zu werden, hilft mir das, meine eigene Kreativität zu entdecken. Eine erste Melodie berührt mein Inneres und wird weiter in mir schwingen, wenn sie genährt und bejaht wird. Als Kind warte ich auf die Bestätigung von außen, von anderen, und das sind vornehmlich die Eltern. Wenn diese selbst von ihrer Herkunft, Kultur und solch tragischen Ereignissen wie die beiden Weltkriege geprägt sind, so ist es nicht verwunderlich, dass Wunden und Fehlhaltungen entstanden sind, die erst mit der Zeit zum Vorschein kommen und in zäher Stellungnahme aufgearbeitet werden können. Bei mir war das mein Vater in seinem absoluten Wissen um die Wahrheit, wie es Kirche verlangt oder vorlebt. Er selbst war geprägt durch den frühen Tod seines Vaters, die Seminarerfahrung im Kloster Knechtsteden, seine Begabung als Schriftsteller und die anhaltenden Krankheitsphasen. Immer wieder muss ich lernen, mich von diesem »Vorbild« zu trennen, um meinen eigenen Weg zu finden und ihn auch zu gehen. Sonst kann meine Musik nicht zum Klingen kommen und mich nicht tragen.

Es ging so weit, dass ich an den gleichen Krankheiten litt wie auch mein Vater, auch wenn sie nicht erblich sind. Sondern weil ich sie zugelassen hatte. Deshalb ist es für mich wichtig, meinem Vater heute, an seinem Todestag, noch einmal dafür zu danken, dass er für mich da sein wollte, aber ihm auch klar zu sagen, dass es noch dringlicher für mich war, meinen Weg und damit meine eigene Melodie zu finden. Denn nur im Jetzt lebe ich, in dieser Minute – mit dem Pulsschlag meines Kreislaufs, der Regelmäßigkeit meines Atems und in der Erkenntnis meiner Gedanken. In der Dankbarkeit.

In unserer Eifel hier vor der Haustür hatte ich das Erlebnis mit einem Labyrinth, das ich gedankenverloren und fragend durchlaufen habe. Was nun? Ein Symbol des Lebens soll das Labyrinth sein, denn ich gehe von außen nach innen und finde den gleichen Weg wieder zurück. Wenn ich die Mitte gefunden habe, glaube ich mich am Ziel und muss doch wieder zurück zum Ausgang, durch den ich den Zugang zum Labyrinth fand. So lehrt das Leben selbst, wie es zu meistern ist. Wenn ich aufmerksam auf die vielen Symbole im Alltag achte.

Als ich meinen Mantel in die Reinigung bringe, werde ich auf die Tätowierung einer jungen Frau aufmerksam. »Haben Sie sich dieses Symbol selbst ausgesucht?«, frage ich etwas neugierig. Da wir uns kennen, weiß die Angesprochene um mein Interesse an anderen Kulturen und antwortet mit gewissem Stolz: »Das ist das Auge des Horus, das vor Unglück und Krankheit schützen soll.« Mir gefällt ihre selbstverständliche Art. So kann ich ihre Aussage bestätigen, denn auf meiner lange verflossenen Ägyptenreise habe ich mir ein T-Shirt mit dem gleichen Symbol zugelegt, weil es mich mit dem Blau-Golddruck auf schwarzem Untergrund ansprach, aber auch um des Symbols willen. Wir alle brauchen Symbole, um uns an die Werte, die für unser Leben von Bedeutung sind, zu erinnern. Und alle sehnen wir uns nach Heil und Schutz, jeder auf seine Art.

Beim abendlichen Spaziergang werde ich durch das laute Rufen der ziehenden Vögel aufmerksam und schaue wie gebannt zum Himmel. Das müssen Kraniche sein, die über mir in der typisch keilförmigen Formation zu Hunderten ihren Weg in den wärmeren Süden ziehen. 15 unterschiedlich lange und große Schwärme zähle ich, die zum Teil miteinander konkurrieren, indem sich die einzelnen Fluglinien zu überschneiden scheinen. Doch sind alle auf ein fernes Ziel ausgerichtet. Es ist faszinierend, das zu beobachten, und mein Herz lässt sich davon berühren, als sei es mein eigenes Ziel, das es zu erreichen gilt. Mir wird wehmütig zumute. So wie diese riesengroßen, schreienden Vögel unermüdlich ihrem Ziel im wärmeren Süden entgegenfliegen, so sehne ich mich innerlich nach dem Ziel, dem ich als sterblicher Mensch vom Tag meiner Geburt an entgegengehe – der ewigen Heimat in Gott. Bin auch ich bereit, abzuheben und mich der Schwerelosigkeit hinzugeben? Alles hinter mir zu lassen, aufzusteigen, um dort anzukommen, wo ich in der Gemeinschaft mit vielen anderen unsere zukünftige Heimat erhoffe?

Vor Tagen erlebte ich den szenischen Monolog der Autorin und Schauspielerin Petra Afonin mit dem Titel »Ich bin das noch« – zum Thema Demenz. Die Darstellung, in unserer Kirche, bietet eine besondere Art des Abschiednehmens, während der Fokus auf den Teil der Persönlichkeit gerichtet ist, der präsent ist, der lebt und sich – stellvertretend in der Künstlerin – äußern kann. Es geht nicht um das, was bereits vergessen oder zerstört ist, sondern um die Aspekte der Gegenwart, die lebendig sind. Es scheint, als könnte aus diesen zeitweise lichten Erkenntnissen die nötige Kraft zum Durchhalten geschöpft werden, um die Phasen des Vergessens erträglicher zu machen. Denn »Ich bin da noch« und nehme dich wahr; nimm du auch mich wahr. Erschrocken macht mich die Tatsache, dass eine Betroffene, die ihren Mann durch diese Phasen des »Nicht-mehr-da-Seins« begleitet hat, die klare Aussage macht, dass die einzigen Minuten des Alleinseins die Minuten gewesen sind, in denen

Übergang

sie zur Toilette geht. Denn der Betreute ist vollständig auf seine Bezugsperson ausgerichtet, ohne sie erlebt er sich als verloren.

Es scheint mir, als durchlebten sie ein gegenseitiges Ausgeliefertsein in fürsorglicher Zuneigung, die jedoch an physische wie seelische Grenzen geht. Ein wahrhaft bewundernswerter Ausdruck gelebter Nächstenliebe. Im Alleingang unvorstellbar.

Dieser Verlust der eigenen Persönlichkeit durch das Vergessen ist einer der Gründe, warum wir solche Angst vor dem Altwerden und letztendlich dem Tod haben. Es geht dabei jedoch für viele um einen Verlust der eigenen Würde. Und diese Würde ist nicht nur ein hohes, sondern vielleicht unser höchstes Gut. Wie schnell aber dieses Gut in Gefahr kommen kann, durch einen Unfall und daraus folgende Schwerstbehinderung, durch unheilbare Krankheit, durch Krieg und Terrorismus, erleben wir alle täglich auf den Bildschirmen oder im eigenen Umkreis. In der letzten Lebensphase kommen wir dieser Erfahrung unaufhaltsam näher. Das Abnehmen der körperlichen Kräfte, die Wahrnehmung durch unsere Sinne wie Sehen und Hören, die Schwerfälligkeit im Gehen oder die schwindende Belastbarkeit, das alles sind Zeichen, dass sich ganz allmählich der Kreis zu schließen beginnt. Dennoch – ändern wir etwas an der Tatsache durch die Angst, die besonders Alleinstehende schwer belasten kann?

Auf der Seite vom 14. September eines Afrika-Kalenders lese ich: »Furcht vor der Gefahr ist schrecklicher als die Gefahr selbst!« Eigentlich ermutigend. Warum spekulieren; unser »Ende« bleibt uns verborgen, es ist das Geheimnis, mit dem wir täglich leben. Denn auch heute morgen, als ich wach wurde, war mir, als löse sich der Schleier der Nacht behutsam, und aus »der Ohnmacht des Schlafes« tauchte ich dankbar in das Abenteuer des neuen, mir geschenkten Tages. Anthony de Mello, der indische Jesuit und geistliche Lehrer, beobachtete: »Sieh nur diesen fröhlichen blauen Vogel dort auf dem Ast. Wie er hin- und herhüpft, sein Lied in die Welt schmettert und sich uneingeschränkter Freude überlässt, weil er nichts von morgen weiß.«

Es ist so einfach, von der Natur zu lernen. Vom Strom der Zeit, der im Fluss und der Bewegung jeden Gewässers zum Ausdruck kommt. Oder im unentwegten Zug der Wolken, über uns hin. Genauso wie unser regelmäßiger Pulsschlag, als Zeichen dafür, dass wir leben und atmen. Und all die anderen Funktionen meines Körpers, derer ich mir kaum bewusst werde, die mich aber am Leben erhalten. Dieses Wunder beginnt bei der Empfängnis, sichtbar bei meiner Geburt und wird beim Eintreten in das Mysterium des Todes enden. Heißt es nicht sinnvollerweise, dass wir besitzlos auf die Welt kommen und ebenso wieder von ihr gehen? Regt diese Wahrheit nicht zum Loslassen an und dazu, gelassener zu werden?

Ich durfte diese Erfahrung der Besitzlosigkeit in Afrika machen, wenn z. B. eine Mutter mir ihr Neugeborenes entgegenstreckte, damit ich es »heile«. Der kleine Krauskopf war in ein Stück buntes, dünnes Kitenge (Tuch) gewickelt, die Nabelschnur noch frisch verkrustet. Es roch nach Erde, Blut, Schweiß und Rauch, denn seine Mutter hatte zu Hause in ihrer Hütte entbunden. Aber beide waren am Leben, und wir holten nur das nach, was bei uns – durch ausreichende hygienische Mittel – selbstverständlich ist. Die lebenswichtigen Impfungen und ähnliche Maßnahmen leiteten wir gerne sofort ein. Aber, das »Licht der Welt« hatte dieser kleine Erdenbürger dort erblickt, wo er dem Erleben der Wirklichkeit am nächsten war. Und genauso wird er sehr wahrscheinlich auch sein Leben beenden. Wiederum nur in ein Kitenge gehüllt, oder aber, noch besitzloser, in Bananenblätter. Dafür liegen seine Überreste aber ganz in der Nähe seines Zuhauses, so ist er im Kreis seiner Familie auch über den Tod hinaus geborgen.

Durch die Aidskrise in Afrika habe ich eine wichtige Erfahrung gemacht. Der schwedische Autor Henning Mankell spricht darüber in seinem Buch. »Ich sterbe, aber die Erinnerung lebt«. Es geht um die sogenannten Erinnerungsbücher, die »Memory Books«. Viel zu früh sterbende Eltern – in der Regel sind es die Mütter – werden durch die Anweisung auf vorgedruckten Formularen angeleitet, ihre Erinnerung für die bald alleinstehenden verwaisten Kinder zum Ausdruck zu bringen. Wenn sie in ihrer schweren Erkrankung nicht mehr in der Lage sind, ihre Erinnerungen selbst aufzuschreiben, wird ihnen geholfen. Sie sprechen ihre Gedanken aus, legen getrocknete Blätter, Steine, Samenkörner und ähnliche Erinnerungsobjekte in eine Dose, die für die Zurückbleibenden all das birgt, was die Scheidende mit ihren Kindern teilen möchte. Bei dieser Art von Trauerarbeit zeigen sich erstaunliche für alle wichtige Momentaufnahmen.

So berichtet Mankell die packende Tatsache, dass eine Dreizehnjährige einen Mangokern pflanzt, nachdem ihre Mutter ihr anvertraute, dass auch sie, so, wie der verstorbene Vater, diese unheilbare Krankheit Aids in sich trage. Da diese Mutter damals die Einzige war, die die sechzehnköpfige Großfamilie durch ihr Gehalt als Lehrerin am Leben erhielt, reichte das Geld nicht, um gleichzeitig die notwendigen lebenserhaltenden Medikamente zu kaufen. Erschütternd. Was für ein Erbe tritt dieses kleine Mädchen an, die eine Mangopflanze hütet, in Erinnerung an die Liebe ihrer Mutter, die so über den Tod hinaus für sie sichtbar lebendig bleibt.

Wir haben ganz andere Möglichkeiten, um die Erinnerung wachzuhalten. Warum nutzen wir sie nicht? Für mich gehören meine Bücher jetzt dazu, auch wenn mir das erst bewusst wurde, als wir dazu eingeladen wurden, unseren »Koffer für die letzte Reise zu packen«. Da wurde mir plötzlich klar, dass ich dort alles niedergeschrieben habe, was mir wichtig ist. Sie sind nicht nur wie ein Vermächtnis an meine frühere Familie, sondern können auch Ansporn für andere sein, zu sich selbst zu stehen und auf ihre innere Stimme zu hören. Durch meine Bücher geht nichts verloren, auch wenn ich jetzt allein zu sein scheine.

Zum Loslassen gehört auch das Geschenk der Vergebung. Damit meine ich noch nicht einmal, dass wir uns von unseren Sünden lossprechen lassen in der klassischen Beichte. Nein, wir selbst müssen beginnen, uns zu vergeben. Die meisten von uns schauen auf ihr Leben zurück und bedauern alles, was nicht so war, wie sie es erträumt hatten. Oder noch schwieriger, wenn wir meinen, dass es unser Recht gewesen wäre, dass wir etwas anderes erreicht oder erlebt hätten. Das aber kann verbittern und schmerzen. Wenn wir dann auch noch auf unsere Mitmenschen sehen und ihnen die Schuld an dem geben, was in unserem Leben schief ging, wird es noch tragischer. Doch damit kommen wir auch nicht weiter. Es kann helfen, darüber zu sprechen und uns liebevoll mit uns selbst auseinanderzusetzen. Aber im tiefsten Inneren gilt es, unser Leben so anzunehmen, wie es geworden ist. Wahrscheinlich haben wir uns immer bemüht, nach bestem Wissen und Gewissen das für uns Richtige zu tun. Deshalb sollten wir uns erst einmal selbst vergeben. Dadurch zeigen wir unsere innere Stärke, ja unsere Selbstliebe. Und wir lösen uns von unserer Vergangenheit, um so in der Gegenwart leben zu können.

Diese Haltung macht frei. Ich wünsche sie mir, wenn ich die Schwelle zu meinem neuen Leben antrete, von dem es heißt, dass es ewig ist.

Zeitzeichen

Was für ein erstaunlicher Oktober! Die Sonne kommt zurück mit all ihrer Macht, so, als wolle sie uns beweisen, dass wir dem »Himmel« trauen können, dass er es gut mit uns meint. Wie immer, es ist wohltuend, nochmals die Wärme zu spüren, bevor der Herbst und der Winter kommen. Mein Blick bleibt vom glitzernden Funkeln eines vorüberziehenden Flugzeuges gefangen. Ferne, Sehnsucht? Heute können sie mich nicht übermannen, denn die Hitze erinnert zu sehr an die ehemals schweißtreibenden Sonnenstrahlen der Tropen. Das ist gut, denn ich möchte im Jetzt leben.

Abends, bevor ich mich schlafen lege, stehe ich auf der kleinen Veranda und danke für das Erleben des Tages. Es ist der 3. Oktober 2014. Deutschland feiert die Wiedervereinigung von Ost und West, dieses unfassbare, unblutige Geschehen vor fast einem Vierteljahrhundert. »Einheit in Vielfalt« ist das Motto für das Fest der Würdigung dieses historischen Geschehens, das uns allen sicher zur Genüge bekannt ist. Doch damals war ich noch im Mutterhaus des Ordens in Holland stationiert. Ich sah es als eine Strafversetzung an, die ich jedoch absolvieren wollte, um zu beweisen, dass es mir trotz aller Verunglimpfung meiner Person um meine Berufung ging. Sollten sie doch selbst urteilen, ob es der in Ungnade gefallenen »Sr. Lauda« an Demut fehle und ob sie sich wirklich nicht unterordnen will, sondern immer ihren eigenen Kopf durchsetzt. Letzteres ist im Kloster besonders sträflich verpönt.

Also, wie gewöhnlich hörte ich nach dem Abendessen im Kreise der Mitschwestern die deutschen Nachrichten. Ich saß meistens hinten, weil ich durch meine Größe niemand stören wollte. Während wir schauten, staunten und lauschten, begriff ich recht schnell, dass hier etwas passiert war, das eigentlich gar nicht sein konnte. Die Grenze zwischen den beiden deutschen Staaten war überwunden worden. Die anfänglich zaghafte Demonstration hatte sich zu immer stärkerem Widerstand entwickelt. Er blieb jedoch friedlich, denn betende Menschen formierten sich zu unübersehbaren Lichterketten, die zu Tausenden die Straßen besetzten. Sie machten sich gegenseitig Mut und erlebten sich als letztendlich unüberwindbare Stärke in der Erkenntnis: »Wir sind das Volk«. Ein großartiges Zeugnis. Maßgeblich initiiert wurde diese Bewegung durch das Friedensgebet des fast bescheiden wirkenden Pfarrers Christian Führer, den ich 21 Jahre später bei meiner Lesung in Leipzig kennenlernte.

Es ist der 22. November 2010, an dem die Aids-Hilfe Leipzig ihr 20jähriges Jubiläum feiert. Gleichzeitig findet das Friedensgebet zum 15. Mal zum damaligen Welt-Aids-Tag in der St. Nikolai-Kirche statt. Diese unerwartete Einladung bedeutet für mich eine Bestätigung meiner eigenen Bemühungen. Obgleich Einzelkämpferin, werde auch ich von einer Vision getragen, die zu mehr Einheit führt. Dafür müssen sich jedoch alle Mitglieder des Ordens als »gleichberechtigt« erleben. Durch meine Lesung und das Radiointerview an diesem Tag lege ich mein eigenes persönliches Zeugnis ab. Jetzt kann ich dazugehören. Ich sehe mich endlich als Teil dieser gewaltfreien Friedensbewegung – die es fertiggebracht hatte, Mauern zu überwinden.

Damals, 1989, war ich, wie oben gesagt, jedoch im Mutterhaus und entfernte mich stillschweigend von den staunenden Mitschwestern, weil ich meine Tränen nicht mehr zurückhalten konnte. Bei aller Freude darüber, dass es den Menschen im Osten gelungen war, sich endlich zu befreien, war mir schmerzlich bewusst, dass wir und speziell ich im Orden noch meilenweit davon entfernt waren. Die meisten von uns hatten ja noch nicht einmal das Bedürfnis, sich mit dem Gedanken der Erneuerung auseinanderzusetzen. Gleichzeitig war mir nicht klar, dass ich noch einen weiteren Einsatz nötig hatte, und zwar in der Aids-Arbeit am Kilimandscharo, bis auch ich bereit und fähig war, meine eigene Position so zu beziehen, dass ich der »Weisung meines Herzens« folgen konnte. Die führte mich schließlich – wieder im Oktober, und zwar im Jahr 1995 – zum Austritt. Und nochmals im Oktober, bei meiner letzten Lesung für dieses Jahr hier in Düren, passierte mir der sinnvolle »Freud'sche« Versprecher: »Da, bei meinem Austritt, wurde ich von den Kondomen entbunden!« Allgemeines schallendes Gelächter folgte, dem ich mich ungezwungen anschloss, denn jetzt stand ich nicht mehr unter dem Mandat der Gelübde.

Was mich bei meiner Lesung in Leipzig weiter berührt, ist die Tatsache, dass die Leipziger Missionare bereits 1893 ihre Arbeit am Fuße des Kilimandscharo aufgenommen hatten. Sie verbreiteten die »Gute Nachricht« zunächst bei den Wachagga und dann bei den Massai. Während unsere Kongregation am 8.9.1885 in Südafrika, Mariannhill, gegründet wurde und im Juni 1890 von dort aus auch an den Kilimandscharo kam. So waren wir im wahrsten Sinne des Wortes Kollegen. Das machte mich stolz, denn ich hatte es immer wieder erlebt, dass die echte Ökumene vor Ort stattfindet, wenn wir nicht auf Paragraphen achten, sondern unser Herz sprechen lassen. Daraus ergab sich nicht nur

Zeitzeichen

eine effektivere Partnerschaft in der Aids-Arbeit und -Vorsorge, weil wir im regen Austausch miteinander von den jeweiligen Erfahrungen der anderen Organisation lernten, ob schwedisch, britisch, aus den USA oder den Niederlanden kommend, und ganz gleich durch welche religiöse Richtung die Einzelnen geprägt waren, wir waren in dem Bemühen geeint, den Menschen vor Ort den bestmöglichen Service zu bieten. Daran hat sich bis heute hoffentlich nichts geändert.

Beim jetzigen Festakt, der am 03.10.2014 aus der Marktkirche in Hannover im ZDF ausgestrahlt wurde, zeigte sich, wie diese Ökumene auch in der Gegenwart angekommen ist, und zwar in großem Stil. Die protestantische wie auch die katholische Kirche waren sichtbar bemüht, politische Töne anzuschlagen und Anregungen zu verbessertem Umgang mit momentanen Krisen zu geben. Das Flüchtlingsdrama prägte sich mir besonders ein. Wohl auch wegen meiner eigenen Betroffenheit, denn ich kann mir die Lage der Flüchtenden nur zu gut vorstellen, und afrikanische Verhältnisse kenne ich wohl besser als viele andere. Man sprach davon, dass wir alle zu der einen Menschheitsfamilie gehören und das Moses (3. Buch, Kap. 19, 34) selbst ein Heimatloser gewesen sei. Und weiter, dass wir nach dem Krieg das Flüchtlingsdrama am eigenen Leibe erleben mussten. »Rationale Argumente für oder besser gegen Apartheid ... wird es immer geben«, so ähnlich hieß es, und »Europas Humanität wird im Mittelmeer verspielt« war ein weiteres Stichwort, das mich berührte. Afrika kennt und lebt das Prinzip der Großfamilie. Dort wird immer weiter Platz gemacht für den Fremdling, auch wenn eigentlich nichts mehr geht. Hier aber kommen wir vor lauter bürokratischen Zuständigkeitshinweisen und unverständlicher Rücksichtnahme nicht weiter. Während tagtäglich Menschen vor der Küste Europas ertrinken.

Es ist bekannt, dass es 2014 weltweit mehr als 50 Millionen Flüchtlinge gab, Tendenz steigend. So viele wie seit dem Zweiten Weltkrieg nicht mehr. Sie kommen aus den Krisengebieten dieser Erde und fliehen vor Krieg, Unterdrückung und Gewalt, aber auch vor Armut und Hunger. Syrien, Libyen, Afghanistan und überall dort, wo Krieg geführt wird oder es verboten ist, die eigene Glaubensrichtung zu leben. Deshalb war es auch so passend, als der Bundespräsident in seiner Rede zur Demokratie am 9. Oktober 2014 in Leipzig eindrucksvoll darauf hinwies: »Kein 9. November vor dem 9. Oktober. Vor der Einheit kam die Freiheit«. Denn die Demonstration am 9.10.1989 war die entscheidende. »Zehntausende überwanden ihre Angst vor den Unterdrückern, weil ihre Sehnsucht nach Freiheit größer war als ihre Furcht«. So die Rede des ehemaligen Pastors aus Rostock, wo er das Neue Forum mitbegründete. »Wir vollbrachten etwas, was undenkbar schien: Wir zwangen das Regime zum Abdanken.« Er selbst hat das Regime erlebt, und er kannte sicher auch die Angst der Menschen. Heute gibt es eine andere Angst.

Die momentane Furcht vor der »Flüchtlingsflut« ist so groß, dass wir sie noch nicht einmal effektiv zur Sprache bringen können. Wir fühlen uns überrumpelt. Wir sind doch nicht die diejenigen, die das Leid der Fliehenden verursacht haben. Warum sollen wir dafür büßen? Werden wir nicht indirekt überrollt? Es gibt zahllose Argumente, und alle sprechen nur einen Teil des wahren Dramas an. Wenn ich als Siebenjährige nicht in der Lüneburger Heide bei fremden Bauern eine neue Heimat gefunden hätte, was wäre dann aus mir geworden? Meine ganze Familie war ausgebombt, wir flohen erst vor den Nazis quer durch Deutschland und schließlich aus dem Osten zurück in den Westen. Ständig suchten wir eine neue Bleibe. Eigentlich habe ich noch nirgendwo so lange gelebt wie jetzt in Düren, seit meinem Austritt. Flüchtling! Im Grunde sind wir es alle hier auf Erden, in dieser relativ kurzen Zeitspanne unseres Lebens.

Die Erinnerung an den Mauerfall und an die Deutsche Einheit vor 25 Jahren ist aber nicht der einzige Gedenktag in diesem Jahr 2014. Es wird auch an den fatalen Beginn des 1. Weltkrieges vor 100 Jahren und den des 2. Weltkrieges vor 75 Jahren gedacht. Dem gegenüber steht neben dem Sieg durch »Wir sind das Volk« die Erschaffung der Bundesrepublik Deutschland vor 65 Jahren. Es sind Zahlen, die die Erinnerung an furchtbare Gräueltaten wachrufen, die eigentlich so unvorstellbar sind, dass wir davor verstummen sollten. Vielleicht zeigen die Worte der Bundeskanzlerin zum Festakt der Wiedervereinigung einen Weg: »Dabei könnten den Deutschen die Erinnerung an die Ereignisse von 1989 und 1990 helfen. Sie stehen für den Sieg der Freiheit gegenüber der Unterdrückung, für Geduld und Augenmaß. Sie stehen dafür, dass wir das Geschehen zum Guten wenden können. Alles ist möglich.« (Dürener Nachrichten 4.10.14) Oder wie ich es für das Bekenntnis meines eigenen Lebens formulierte: »Wenn alle schweigen, wird sich nie etwas ändern!«

Nur zwei Tage später, am 5.10.2014, begann in Rom die Bischofssynode, die bis zum 19. Oktober vorgesehen war. Die Themen sorgten für reichlich Zündstoff, denn es ging um Ehe und Familie, um Sexualität, Verhütung, Scheidung. Rund 250 TeilnehmerInnen aus aller Welt; 191 von ihnen eigentliche Synodenväter. Als ich eines Abends zufällig bei einem Fernsehkabarett hängenblieb, verschlug es mir erst die Sprache, bis ich mir das Lachen nicht mehr verkneifen konnte. In humorvoller Weise wurde angedeutet, dass die Kirche nach 2.000 Jahren noch immer nicht die zeitgemäßen Antworten auf die jetzige Krise gefunden hatte. Erstaunlich ist, dass viele Menschen es auf einmal wagen, ihrem angestauten Frust Luft zu machen. Gleichzeitig erlebe ich eine spürbare Welle der Sehnsucht nach zeitgemäßer Veränderung. Das symbolische Klima der kirchlichen Lage ist derart »schwanger«, dass eine »mögliche Fehlgeburt« zu der Katastrophe des 21. Jahrhunderts werden könnte. Das möge Gott verhüten, denn die Millionen Gläubigen, die bis heute ausgeharrt haben, dürfen nicht enttäuscht werden.

Das wäre auch nicht im Sinne unseres jetzigen Papstes Franziskus, der diese Synode einberufen hat und der eindringlich bittend seine Mitbrüder im Priesteramt ermahnt, »den Stallgeruch ihrer Herde« nicht zu vergessen, sondern anzunehmen. Was für ein Symbol! Und das in unserer Zeit, in der die meisten Stadtmenschen gar keine Tiere mehr live erleben. Aber schon das Wort »Geruch« genügt, um zu zeigen, wie lebensnah Papst Franziskus ist. In den Favelas Argentiniens hat er sicher den Schweiß seiner Landsleute erlebt, denn er ist dorthin gegangen, wo sie lebten. So, wie jeder in der Seelsorge Tätige dort zu finden ist, wo die Menschen ihn brauchen. So empfand auch ich es als Ehre, wenn ich in die Hütten unserer afrikanischen Nachbarn in Tansania eingeladen wurde oder Kranke dort aufsuchen konnte. Der Kontakt in diesen praktischen Situationen des Alltags lässt uns fast ungewollt zu Schwestern und Brüdern zusammenwachsen.

Ich halte es zum besseren Verständnis für nötig, hier noch einmal kurz auf meine Missionstätigkeit in Afrika einzugehen. 18 Jahre lang war ich im Buschkrankenhaus Turiani in Morogoro als Leiterin tätig und vier Jahre lang in der Aids-Arbeit am Kilimandscharo. Die Krankenpflege hatte ich zuvor in einer vier Jahre langen Ausbildung nach britischem Vorbild in Nairobi erlernt. Fünf weitere Jahre war ich in Simbabwe eingesetzt.

Was jedoch in der Öffentlichkeit besonders wahrgenommen wurde, macht folgendes Erlebnis bei meiner Durchreise auf dem Fernbahnhof in Frankfurt deutlich. Da die Zeit es erlaubte, suchte ich mir an einem Stand etwas zu essen und ließ meine Koffer bei einer anderen reisenden Dame stehen. Als ich auf dem Rückweg war, sprach mich ein Herr in weißem priesterlichen Collar an. »Wo kann man so etwas erstehen«? war seine Frage, auf meine Tüte zeigend. Ich gab bereitwillig Auskunft, konnte aber ein Lächeln nicht unterdrücken. »Ich kenne Sie aus der Presse«, erklärte ich ihm. Daraufhin sprudelte es aus ihm heraus, dass er soeben aus Simbabwe komme. Die Namen der Städte Harare und Bulawayo fielen, und ich nickte zustimmend: »Oh ja, die kenne ich, da war ich auch stationiert.« Sein fragendes, aber freundliches Gesicht verleiteten mich zu erklären, dass ich damals Provinzoberin gewesen sei. Aber jetzt eine ehemalige Nonne sei. »Macht nichts!« kam es spontan. Da zog ich es vor, nach meinem Koffer zu sehen, und er verschwand ebenfalls. Zu meinem Erstaunen waren wir kurz darauf wieder zusammen. Er hatte sogar ein Getränk für mich mitgebracht und kam sofort auf den Punkt: »Jetzt weiß ich auch, wer sie sind. Sie haben die Kondome bei Prostituierten verteilt. Was für ein Schmarren! Das weiß doch jeder, dass die nötig sind, solange in dem Gewerbe gearbeitet wird.« Dem konnte ich nur zustimmen, aber ... warum weiß die Kirche das nicht?! Warum musste mein Fall beim Ost-Afrika-Beauftragten im Vatikan landen, der unter dem damaligen Papst Benedikt arbeitete und deshalb »handeln musste«? Doch er hörte kaum hin und erzählte eifrig weiter, dass er beim Erscheinen meines Buches sofort zum Chef von DuMont gegangen wäre. Den schien er gut zu kennen. Zu seinem Staunen musste er hören, dass der Verlag hinter mir und meinen Büchern stand. Erleichtert nahm ich das zur Kenntnis und stieg in meinen Zug, der im richtigen Moment einrollte. Dieser Prälat aus Aachen hat sich danach nicht mehr gemeldet. Er sei im Ruhestand, hatte er mir erklärt. Schade. Ein anderer Prälat in Aachen hatte einmal den Ausdruck geprägt: »Der Leib Christi hat Aids«. Das ist in meinen Augen wahre Solidarität. Mit den Ausgegrenzten und Kranken, aber auch mit denen, die versucht haben, »den Stallgeruch der Herde anzunehmen«.

In der Mission sind wir zusammengewachsen, hier im betagten Europa scheint es noch schwieriger zu sein, aus unserem Schwarz-Weiß- und gesetzestreuem Denken auszubrechen. Bemühen wir den Geist Gottes, dass er selbst uns die Sprache zeigt, die nötig ist, die heutigen Menschen und besonders die Jugend zu erreichen. Die meisten verstehen unsere antiquierte kirchliche Sprache nicht mehr. Dabei sind wir Glaubenden als Gemeinschaft sehr wohl lebendig und hinterlassen Spuren, die nachhaltig sind.

Aber nicht nur wir. Ähnlich erging es mir jetzt mit dem Porträt von Udo Jürgens zu seinem achtzigsten Geburtstag. Während eines Telefonats erklärte mir meine Freundin, dass wir bereits am früheren Wohnsitz von Udo Jürgens, dem

Schloss Ottmanach, vorbeigefahren seien, als sie mit mir in Kärnten unterwegs war. Damals war ich Ordensfrau und auf »Kollekte« in Klagenfurt für meine HIV/Aids-Arbeit. Deshalb hatte ich solch »weltlichen« Merkmalen kaum Beachtung geschenkt. Ich kam aus dem afrikanischen Busch und konzentrierte mich auf das Notwendige. Eine Kirche besuchen, ja; aber ein Schloss bewundern, nein. Heute staune ich über meine damalige engstirnige Einstellung. Denn eine Persönlichkeit wie Udo Jürgens hat sogar einen großen Einfluss auf die Menschen, die zu Abertausenden zu seinen Konzerten kommen. Er ist sich dessen bewusst und lässt sich davon berühren. Zum Beispiel sagt er selbst, dass es ihm viel bedeutet, wenn er Menschen durch seine Lieder und Konzerte bewegt. Ich sehe das als seine Mission. Denn es drängt ihn innerlich dazu, seine Lieder zu schreiben, er drückt seine Kreativität in seinen von Emotionen belebten Liedern aus, von denen sich seine Zuhörer anstecken lassen. Wie gut ihm das gelungen ist, zeigen die vielen Auszeichnungen, die er erhielt.

In einem Interview konnte er sehr deutlich differenzieren: »Es geht mir nicht um Eitelkeit, sondern darum, dass ich das Leben anderer Menschen berühren kann.« Diese Reflektion und die Resonanz macht auch sein eigenes Leben auf andere Weise wertvoll. Und darauf scheint es ihm anzukommen. Bis jetzt habe ich noch keine CD von ihm gehört, freue mich jedoch über den »Heiligenschein«, der den Menschen Udo Jürgens umgibt. Keinen, wie ihn die Kirche in ausgeklügelten Prozessen zu vergeben hat, sondern einer, der zu ihm gehört, weil er zu seinem Leben, so, wie es für ihn lebbar war, steht. Auch er folgte der Stimme seines Herzens. Das machte ihn für viele zum Vorbild. Und jetzt, da er im Dezember 2014 plötzlich verstarb, zur Ikone.

So gibt es viele Vorbilder, die ich in meinen zwei Jahrzehnten zivilen Lebens bewundern lernte. Ich empfinde es jedes Mal als etwas ganz Besonderes, wenn andere Menschen mir Facetten ihres Lebens anvertrauen und wir schon alleine dadurch zu Freunden werden, denn wir teilen gemeinsam ein Geheimnis, das uns kostbar ist und von Empathie und Gefühlen getragen wird. Sei es z.B. der unfassbare Tod eines geliebten Partners oder kleinen Kindes oder der doppelt schmerzliche Verlust durch Selbstmord, der in den Hinterbliebenen spontan Schuldgefühle hervorruft. Jeder, der sein Leid teilen kann, erfährt dadurch Erleichterung. Und der- oder diejenige, der oder die es empfängt, erlebt es als Bereicherung. Wie viele pflegen heute aufopferungsvoll ihre nächsten Angehörigen! Und das in einem Ausmaß, das wir uns früher gar nicht vorstellen konnten.

Erst jetzt sehen wir, was es heißt, keine »extended family« oder Großfamilie mehr zu haben, wie es in Afrika über Jahrzehnte hin der Fall war, bis die Suche nach dem erweiterten Arbeitsmarkt in den Städten dazu führte, dass Landflucht in großem Stil erkennbar und die verheerenden Slums als dunkle Schandflecken sichtbar wurden. Die Jugend war abgewandert, und als HIV/Aids in den 80er-Jahren (1983/84) ausbrach und das erschreckende Massensterben um sich griff, waren es die auf dem Land zurückgebliebenen Großeltern, die sich um die Enkel ihrer verstorbenen Söhne und Töchter kümmerten, solange es ihnen möglich war. Denn die vernachlässigten Felder konnten die Greise, die selbst Unterstützung nötig gehabt hätten, schon lange nicht mehr bearbeiten. Es folgte die sogenannte Generation der Aidswaisen. Während wir hier in Deutschland aus Mangel an Jugendlichen und eigener Kinder immer weniger Menschen haben, die die ältere Generation pflegen können. Dass es bis jetzt dennoch häufig glückt, uns gegenseitig durch Vernetzung, Nachbarschaftshilfe und die unterschiedlichsten Dienste des Sozialstaates zu versorgen, ist erstaunlich. Es treibt aber auch viele Ehrenamtler an die Grenze ihrer Belastbarkeit. Besonders Ehepartner oder aber berufstätige Kinder werden oftmals fast zur Aufgabe ihrer eigenen Familie und ihres bisherigen Lebenswertes getrieben, wenn sie sich um die schwerkranken, alten und dementen Eltern kümmern, die ohne diese Fürsorge mangels Geld für entsprechende Einrichtungen vielfach verloren sind. Jede und jeder Einzelne verdient unsere anerkennende Hochachtung und Unterstützung. Ich glaube, da gibt es noch viel zu lernen. Las ich doch von einem lutheranischen Pastor, der, aus Tansania kommend, einige Jahre in Bayern stationiert war, dass er sich als: »... von einer Wir-Kultur zur Ich-Kultur kommend sah«! Das empfand ich bemerkenswert, aber trefflich von Emmanuel Kileo in »Grüß Gott aus Afrika!« festgestellt.

Da meine Gedanken soeben wieder nach Afrika geführt werden, merke ich, wie gut es mir im Moment tut, das auch auszudrücken. So wird das abendliche Hineinkriechen in mein Bett, das, mit afrikanischen Mustern geschmückt, mich »ins Land der Träume« versetzt, zu einem Akt der Dankbarkeit. Auf diese Weise hole ich mir meine Vergangenheit zurück, um sie immer wieder neu anzunehmen. Dann ist es auch nicht zu verwundern, wenn ich mich nachts – im Traum – auf der einzigen kilometerlangen schmalen Asphaltstraße zwischen Chalinze und Korogwe wiederfinde, den Wagen kontinuierlich auf der linken Straßenseite steuernd, wie es in Tansania Vorschrift ist ... der Erschöpfung durch die eintönige karge Landschaft ausgesetzt ... bis sich der Weg auf einmal in kurzen, scharfen Kurven in ein tiefes Tal hineinwindet. Es geht weiter in die Tiefe, für Sekunden halte ich die Luft an, das Getöse des reißendes Flusses ist bereits zu hören, und ich meine, erfrischende Luft zu spüren, aber dort unten führt eine schmale steinerne Brücke ohne schützendes Geländer über die stürmischen Wasser. Es ist wie ein Sog, dem ich mich zaghaft nähere. Gegenverkehr kann tödlich werden, aber ohne Schwung kann ich den gegenüberliegenden Aufstieg nicht meistern ... . Oben angekommen, scheint die Luft reiner zu sein, und die Landschaft wird abwechslungsreicher. Diese Hürde ist genommen, ich fühle mich erleichtert.

Wie in diesem Traum empfand ich es auch auf manchen Strecken meines Lebens. Wenn der russische Schriftsteller Maxim Gorki sagt: »Das Herrlichste der Welt ist, einen neuen Tag zu sehen.«, so wundert mich das nicht. Es gibt immer wieder diese mühsamen Wegstrecken, von denen man glaubt, sie nähmen nie ein Ende. Und doch, es gibt täglich Neues zu erleben, zu erfahren.

Das weibliche Element

Wenn der englisch-irische Schriftsteller Lawrence Durrell feststellt: »Das Glück beruht oft nur auf dem Entschluss, glücklich zu sein!«, dann ist es ganz sicher so mit der Rolle der Frau, die sich im Laufe der Geschichte verändert und weiterentwickelt hat. Das bedeutet für die Einzelne und für mich persönlich, entweder sich ganz bewusst der gängigen Sichtweise anzupassen oder aber den mir möglichen eigenen Weg zu finden und zu gehen. Welchen Entschluss bin ich bereit zu fassen?

Als unsere Mütter groß wurden, standen sie noch unter dem Mandat der berühmt-berüchtigten drei K. Kinder, Küche und Kirche. Es war oder schien selbstverständlich, dass der Mann der Brotverdiener war und seine Frau sich um die Kinder und den Haushalt zu kümmern hatte. Außerdem waren die Gebote der Kirche zu befolgen, besonders in Bezug auf die eheliche Liebe. Der Erste und noch stärker der Zweite Weltkrieg stellten diese Ordnungen gewaltig auf den Kopf. Besonders, da der Wiederaufbau nach 1945 grundlegend von Frauen geleistet werden musste, da ihre Männer im Krieg gefallen waren. So war es folgerichtig, dass die Rechte der Frauen im Grundgesetz – maßgeblich durch die Bemühungen der Juristin Elisabeth Selbert vorangetrieben – hervorgehoben wurden. Als im Mai 1949 die Bundesrepublik Deutschland ihre Geburtsstunde erlebte, war es gelungen, den Paragraph 3, Absatz 2, einzubringen, der heute heißt: »Männer und Frauen sind gleichberechtigt.« Dazu passt für mich das Wort aus der Bibel, dass wir als Mann und Frau nach Gottes Ebenbild geschaffen sind (Genesis 1,27), auch wenn Kirche das nicht so versteht.

Das war also vor 65 Jahren. Ein mühsamer, langwieriger Prozess, der wie jede Entwicklung von Höhen und Tiefen geprägt war.

Erst Anfang des vergangenen Jahrhunderts war es Mädchen bzw. Frauen erlaubt worden, Schulen und Universitäten zu besuchen und in Berufe einzusteigen, die bis dahin nur »den Herren der Schöpfung« vorbehalten waren, wie z.B. in die Medizin, als Dozentin u.a. Um Frauen das Wahlrecht zu ermöglichen, waren sie bereits am 19. März 1911 »auf die Straße gegangen« und hatten in 17 Nationen diesen Mahn-Tag abgehalten. Dennoch wurde erst 1977 ein weiteres Gesetz aufgehoben, welches die Vorherrschaft der Männer bestätigte. Bis dahin hatten diese das Recht zu entscheiden, was für ihre Ehepartnerin gut oder richtig war. Wenn also der Ehemann nicht erlaubte, dass seine Frau arbeiten ging, so musste sie wohl oder übel zu Hause bleiben. Da neben den Männern auch der Kirche ein besonderes Recht zustand, schien es fast unmöglich, aus diesem Dreiklang der KKK auszubrechen.

Das galt lange Zeit als so selbstverständlich, dass dieses Rollenspiel bis heute nicht völlig überwunden ist. Auch wenn es so scheint – die Mentalität der Anpassung und Unterwerfung ist bei vielen Frauen noch aktiv geblieben. »Das ist nun mal so, da kann man nichts machen!« ist ein gängiges Schlagwort der älteren Generation. Allmählich wird mir klar, dass es deshalb auch so unwahrscheinlich schwer ist, die Stellung der Frau in der Kirche zu beeinflussen und zu heben. Wie devot gegenüber dem »hochwürdigen« Herrn Pastor sind doch noch viele Kirchenbesucher, um nur auf einen ganz kleinen Aspekt aufmerksam zu machen.

Kürzlich erzählte mir meine Freundin aus der Gruppe der »Altgedienten«, dass sie alle am Stammtisch im Hinterzimmer eines Gasthauses angeregt beim Kartenspiel zusammensaßen, als plötzlich, unangekündigt, der Pfarrer des Ortes erscheint. Er ist ein Hüne von einem Mann, und augenblicklich waren alle Augen auf ihn gerichtet, das Spiel stockte und »andächtig« hörten die Frauen dem zu, was er zu sagen hatte. Doch sein Anliegen war von besonderer Art, denn er suchte Freiwillige. Da zeigte es sich: Trotz der unverhohlenen Ehrerbietung, die ihm spontan entgegengebracht wurde, konnte er nicht weiter punkten. »Der äußere Schein trügt«, meinte die Erzählerin. »Jede der Frauen geht ihren eigenen Tätigkeiten nach und lässt sich nicht mehr von Kirche vereinnahmen«, stellte sie weiter fest. Auch sie, als ehemalige Nonne, hielt sich bedeckt.

Fragen wir einmal unsere Großeltern. Um die letzte Jahrhundertwende herum galt das »Wort von der Kanzel« noch so viel, als ob Gott selbst durch Moses im Alten Testament mit Blitz und Donner die Gebote Gottes verkündigte (Exodus 19 - 20). Denn der Herr Pfarrer gehörte zu den wenigen, die studiert hatten, also musste sein Wort wahr sein. Er musste es besser wissen. Dass solch' eine Denkweise der Kirche eine enorme Vormachtstellung gibt, ist zweifelsohne. Das scheint selbst heute noch spürbar. Dazu kommt das besondere Vertrauensverhältnis, das dadurch entsteht, dass Christen auf die Hilfe des Pfarrers angewiesen sind. Speziell in den Situationen, die mit menschlicher Not, Schmerz, Krankheit, Sünde und Tod zu tun haben und die durch das entsprechende sakramentale Leben der Kirche – oder darf ich verständlicher von Ritualen sprechen – wie Beichte, Krankensalbung, liturgische Feiern zum Ausdruck kommen. Haben wir nicht viel zu viel aus jahrzehntealtem Wortschatz, aus Tradition und Gewohnheit ungefragt übernommen? Der schlichte Segensgruß »Der Herr sei mit euch.«, den ein Pfarrer ausspricht und den die Gemeinde mit »Und mit deinem Geiste.« erwidert, lässt mich immer wieder aufschrecken. Was sage ich da? Welchen Geist meinen wir? Gottes Geist, den wir alle gleichermaßen besitzen? Oder kommt diese Sprache noch aus einer Zeit, in der die Christen zu den Untertanen im »Kaiserreich« gehörten? Doch ist dieser Gedanke sicher für manche schon zu ketzerisch. Denn heute findet ja bereits eine immer stärkere Begegnung auf Augenhöhe statt, weil reife Christen sie schlichtweg fordern. Das tut gut und hebt unsere »Geschwisterlichkeit im Glauben« hervor mit ihrem ganz besonderen Wert. Denn »wo zwei oder drei in meinem Namen versammelt sind, da bin ich mitten unter ihnen«. (Matthäus 18,20) Werden wir uns dessen bewusst und fordern wir diese Gemeinschaft ein!

Ein weiterer Gesichtspunkt scheint mir hier wichtig. Geht es wirklich um Gleichberechtigung oder eher um Ebenbürtigkeit? Sollte nicht jeder Mensch seine Individualität leben können? Keine Frau kann wie ein Mann sein, denn jeder von uns hat besondere Eigenschaften, die ihm als Mensch geschenkt wurden. Die gilt es zu leben. Wenn jeder Mann sich erlauben würde, auch seine Weiblichkeit zu leben, wäre das nicht eine bewundernswerte Ergänzung? Z.B. hätte ich mir meinen Vater nie am Herd vorstellen können. Doch wird das Kochen (auch durch die TV-Shows) immer selbstverständlicher. Und wenn wir Frauen darauf vertrauen würden, dass wir auch sogenannte männliche Stärken haben, dann wären wir schon viel weiter auf diesem Wege der »Gleichberechtigung«.

Auch wenn ich einen Hosenanzug trage und einen kurzen Haarschnitt bevorzuge, macht mich das noch lange nicht zum Mann. In dieser Art von Kleidung möchte ich meine Frauenkraft leben können und werde ihr ganz sicher meine persönliche Note geben können. Zum Beispiel fehlte mir die Kraft in den Armen, um damals auf den ausgefahrenen Schotterstraßen von Tansania den schweren Landrover selbst zu lenken. Als wir jedoch einen Landcruiser mit Servolenkung bekamen, war es für mich ein Leichtes und machte mir eine Riesenfreude, dieses Fahrzeug zu steuern, und natürlich auch als Frau. Aber Vorsicht, das alte Rollenspiel lässt sich nicht so leicht auswechseln. Da fragte ich doch tatsächlich vor einigen Tagen einen jüngeren Herrn neben mir: « Können sie mir bitte helfen, ich bekomme den Euro nicht mehr aus dem Einkaufswagen. Sie sind ein Mann«. Es war ein Leichtes für ihn. Also dankte ich, war aber betreten, dass mir das passiert war. »Sie haben vermutlich mehr Kraft, bitte helfen sie mir«, das wäre passender gewesen. So schnell kann es gehen, und der alte Trott des vermeintlich »schwachen Geschlechts« geht weiter.

Im Umgang mit Vorgesetzten habe ich bis heute damit zu kämpfen, dass ich locker bleibe, und muss mir heimlich sagen, dass es keinen Grund dafür gibt, mich »klein zu machen«. Diese Art der Erniedrigung ist vielen Frauen beinahe zur zweiten Natur geworden. Dann trauen wir uns auch selbst nicht das zu, was uns zusteht und was wir können. Aber noch ist es nicht zu spät. Ich habe es gelernt, wir alle können es lernen. Denn das, was wir ausstrahlen, kommt auch zu uns zurück. Schon als Jugendliche muss ich einmal außer Rand und Band gewesen sein, als der Zug sich verspätete und ich quasi die ungewollte Wartezeit ausnützte, um die anderen zu unterhalten. Auch wenn wir uns köstlich amüsiert hatten, bekam ich zuhause eine Lektion erteilt. »Sich so zu gebärden, geziemt sich nicht!«, wusste mein Vater. Dabei war ihm dieser Vorfall von seinem Doktorfreund zugetragen worden. Schade, dass ich mich damals einschüchtern ließ. Heute schätze ich die unterschiedlichen Herausforderungen beim Dialog nach meinen Lesungen. Ich bemühe mich, jede Frage zu beantworten, habe aber auch gelernt, Gegenfragen zu stellen. Ich möchte die Zuhörer anregen, selbst Antworten zu finden.

Wenn es uns in der europäischen Tradition schon so schwer fällt, einen neuen Weg einzuschlagen, um wie viel mühsamer ist es unseren weiblichen Kolleginnen in der sogenannten Dritten Welt. Über meinem Bett habe ich eine Batik-Arbeit aufgehängt, die mir vor Jahren ein engagiertes Arztehepaar bei seinem Besuch schenkte. Sie waren ebenfalls in »meinem« Krankenhaus in Turiani, Tansania, eingesetzt gewesen und hatten es verstanden, sich in dem einheimischen Milieu zu integrieren. Ihr Swahili war perfekt; unkompliziert ihre Umgangsformen. Mir ging das Herz auf, als wir uns unterhielten. Daran erinnert mich dieses Szene auf der Batik, aber noch mehr an die Stellung der dort abgebildeten Frauen.

Das weibliche Element

Alle vier tragen schwere Lasten auf ihrem Kopf, mit Obst und Tuch bepackte Körbe, aufgestapeltes Holz, Wasserkrüge. Dazu kommt das Baby auf dem Rücken, und eine aus der Gruppe ist außerdem noch schwanger. Die ältere Tochter, selbst noch ein Kind, geht, einen kleineren Wasserkrug auf dem Kopf balancierend, vor den anderen her. Sie lernt früh, was es heißt, eine Frau zu sein. Alle schauen jedoch nach vorne, in unbekannte Ferne, die sie anzusteuern scheinen. Ist das meine Wunschinterpretation?

Auf dem Land bin ich diesen stummen Lastenträgerinnen, die ganz konzentriert ihren mühsamen Weg meistern, oft begegnet. Immer nur Frauen. Denn hier in Afrika sind sie für »Haus und Hof« – Hütte und Arbeit auf dem Feld oder im Garten, für den Nachwuchs, das Essen und eigentlich für die Belange des täglichen Lebens verantwortlich. Während der Mann, wenn es gut geht, eine Arbeit hat, die etwas Geld einbringt, das für die wesentlichen Ausgaben wie Schulgeld und Medizin etc. benötigt wird. Vielleicht ähnlich der Situation vor Hunderten von Jahren hier in Europa? Der Blick auf diese unbeirrt dahinziehenden Frauen bedrückt und ermutigt mich gleichermaßen. Ich traue ihnen zu, dass sie unnötige Lasten zur gegebenen Zeit abwerfen werden. Dass sie sich diese Unterdrückung nicht mehr lange gefallen lassen. Denn in Wirklichkeit sind auch sie »das Volk«!

Sie sind immer in der Mehrheit, in dieser Vielzahl tragen sie die meisten körperlichen Strapazen, und nur sie sind in der Lage, ihr Schicksal zu ändern. Wir können ihnen zur Seite stehen und Mut machen, sie durch finanzielle Unterstützung eventuell anfänglich zum Handeln befähigen, aber nur, wenn sie selbst es verstanden haben und wollen, dann erst kann sich Entwicklung oder besser Weiterentwicklung vollziehen. In den Tansania-Nachrichten, Januar 2015 (Neuendettelsau), steht, dass es zur Zeit ungefähr 7.000 Mitglieder in den diözesanen Frauenorden gibt und dass die Zahl der Einheimischen auch in den internationalen Frauenorden zunimmt. Das dürfte in meinen Augen ein Gradmesser für eine positive Entwicklung sein. Denn diese Frauen, einige könnten die Töchter der Frauen auf meiner Batik sein, sind durch bessere Bildung und den gehobenen Lebensstandard (trotz Gelübde) im Orden fast prädestiniert, Vorreiterinnen für die weiblichen Mitglieder in ihrer zivilen Gesellschaft zu sein, so wie ich es selbst in meiner aktiven »Afrika-Zeit« erlebt habe.

Zurück in die Gegenwart. Beim Spaziergang an der Birkesdorfer Rur setze ich mich an das kleine Wehr und lasse mich vom betörenden Rauschen des Flusses umgarnen. Unaufhaltsam treibt das Wasser seine Beute vor sich her. Einige Äste werden in die Höhe und kurz darauf wieder in die Tiefe getrieben, stetig, im Lärm des Treibens untergehend. Ein Baum ist ganz entwurzelt und wird langsam stärker in den Sog hineingezogen. Geht es uns nicht ähnlich, wenn wir als Teil einer Gruppe oder Gemeinschaft vorangetrieben werden? Als Einzelne können wir uns nicht so behaupten, dass unser Standort fest bleibt. Die Macht der Strömung reißt uns mit. Wir wollen auch nicht allein bleiben, sondern möchten uns anpassen können, um Teil der großen Menge zu sein. Das scheint uns Sicherheit zu geben. Ist es wirklich so?

Was passiert, wenn zu viele Fragen offenbleiben und wir uns nicht mehr mitreißen lassen wollen oder sogar können? Wie ist es zum Beispiel möglich, dass der Vatikanstaat sich bis heute weigert, die europäische Menschenrechtskonvention aus dem Jahr 1953 zu unterschreiben? Und ebenso das UN-Übereinkommen zur Beseitigung jeder Form von Diskriminierung der Frau (die »Frauenrechtskonvention« CEDAW) von 1981? Damit leistet er der weltweiten Diskriminierung und Entrechtung der Frauen de jure und de facto Vorschub (so Heiner Geißler, mit dem ich im vergangenen Jahr bei Markus Lanz in der Talkshow war, in seinem neuesten Buch: »Sapere aude!« zu deutsch: »Wage zu denken«!). Dadurch handelt der Vatikanstaat in meinen Augen gegen seine eigenen christlichen Prinzipien. Als Frau brauche ich keine Barmherzigkeit, sondern fordere Gerechtigkeit.

Im Juli dieses Jahres wurde ich zu einem Thementag nach Frankfurt geladen mit dem Titel »Römisch-katholische Kirche und Menschenrechte«. Anhand von Beispielen der fünf eingeladenen Gäste wurde der Frage nachgegangen, ob es einen tieferen Grund für die vielen Benachteiligungen und rechtlichen Diskriminierungen vonseiten der Kirche gibt, sei es in Bezug auf die oben genannte Abwertung der Frau, das Verbot zur Weihe von Frauen, die Bestrafung von selbstständig urteilenden Ordensfrauen oder von Priestern, die den Zölibat nicht mehr leben wollen. Ebenso in ihrer Jugend sexuell meist von Priestern missbrauchte Menschen sowie gleichgeschlechtlich Liebende. Der Kirchenrechtler Prof. Dr. Norbert Lüdecke hielt ein geschichtsträchtiges Referat zur Einführung, über das gespannte Verhältnis der römisch-katholischen Kirche zu den Menschenrechten. Ich lauschte mit aller mir zur Verfügung stehenden Spannung und war bemüht, alles zu verstehen. Doch stellte ich schließlich fest, dass wir alle, die zuhörten, schockiert waren. Wahrscheinlich war uns der Zwiespalt zwischen dem Rechtsverständnis unserer Kirche und unserem eigenen (d. h. dem der meisten Christen) noch nie so klar bewusst geworden. Selbst beim Nachlesen der Notizen stelle ich fest, dass solch ein Gedankenkonstrukt abschreckend wirkt und weit entfernt davon ist, Glauben zu vermitteln.

So heißt es zum Beispiel im katholischen Kirchenrecht (CIC) »dass alle Christgläubigen in Würde und Tätigkeit gleich sind. In dieser gleichen Würde wirken sie allerdings je nach ihrer eigenen Stellung und Aufgabe in der Kirche mit« (Ca. 208 CIC). Während im staatlichen Recht aus der gleichen Würde aller Menschen gleiche Rechte erwachsen und jeder Mensch auf Grund seines Menschseins Grundrechte hat, spricht das Kirchenrecht von gleicher Würde und unterschiedlichen Rechten der Gläubigen. Dieses andere Verständnis von Gleichheit heißt dann im Kirchenrecht »vera aequalitas« (wahre Gleichheit). Auch Freiheit wird im Kirchenrecht anders verstanden als in den Verfassungen der westlichen Staaten: nicht als subjektive Selbstbestimmung des Einzelnen. Die »vera libertas« (wahre Freiheit) liegt vielmehr im freien Gehorsam dem Lehramt gegenüber, das den Willen Gottes durch den besonderen Beistand des Heiligen Geistes irrtumsfrei auslegt. (Notizen von der Philosophin und Theologin Irmgard Kampmann)

Das bedeutet für mich, dass eine funktionelle Gleichheit wie z. B. das Weiheamt für Frauen einfach nicht vorgesehen ist. Aber noch schlimmer erscheint mir dieser absolute Gehorsam dem Lehramt gegenüber, also letztendlich auch dem Papst (ganz gleich, welcher »Richtung« er angehört) gegenüber. Das erinnert an den Gehorsam, der vielfach in meinem Orden verlangt wurde. Sind diese Gedankengänge überhaupt nachvollziehbar? Wie kann die reine Lehre einen Stellenwert bekommen, der – in meinen Augen – den Wert des Glaubens überspielt? Für einen Menschen, der wie ich sein Leben im Glauben ganz auf diese Kirche gesetzt hat, kommt diese späte und plötzliche Erkenntnis wie ein Schock. Fühle ich mich jetzt verraten? Ja, mir ist fast, als gehe es um eine verratene Illusion. Diese Heiligkeit, die uns immer vor Augen schwebte, um deretwillen wir auch den Prunk der goldenen Gewänder und Gefäße am Altar und den üppigen Weihrauchduft im Kirchenschiff hinnahmen, sie scheint irrelevant. Sie existiert nicht mehr. Und das nicht nur wegen des Verrates Einzelner durch die Missbrauchsfälle. Nein, heute geht es um mehr, und ich bin sicher, dass ich das nicht allein so sehe. Das will aber nicht heißen, dass ich deshalb aus der Kirche austreten will. Im Gegenteil.

Dagegen halte ich die neueren Aussagen von Papst Franziskus, die z. B. in Nr. 49 seines Apostolischen Schreibens »Evangelii Gaudium« in der St. Benno-Verlag-GmbH, Leipzig ungefähr so lautet: Wenn uns etwas in heilige Sorge versetzen und unser Gewissen beunruhigen soll, dann ist es die Tatsache, dass so viele unserer Brüder und Schwestern ohne die Kraft, das Licht und den Trost der Freundschaft mit Jesus Christus leben, ohne eine Glaubensgemeinschaft, die sie aufnimmt, ohne einen Horizont von Sinn und Leben.

Ich hoffe, dass wir uns weniger davor fürchten, einen Fehler zu machen, als davor, uns in Strukturen einzuschließen, die uns einen falschen Schutz geben, und an Normen zu halten, die uns in unnachsichtige Richter verwandeln, oder an Gewohnheiten, in denen wir uns ruhig fühlen, während draußen eine hungrige Menschenmenge

wartet und Jesus pausenlos wiederholt: »Gebt ihr ihnen zu essen!« (Markus 6,37)
Erstaunliche Worte, denn eine »verbeulte«, eine kranke Kirche ist unserem jetzigen Papst lieber, als eine, die darum besorgt ist, der Mittelpunkt zu sein und die sich schließlich in einer Anhäufung von fixen Ideen und Streitigkeiten verstrickt.« Das klingt, als dächte der Papst gar nicht an ein bewertendes Amt, sondern stellte an die erste Stelle das, was auch Christus uns vorgelebt hat. Was wollen wir noch hören, um uns aufrütteln zu lassen? Der Schwerpunkt liegt auf den Worten aus »dem Buch des Lebens«, der Bibel. Auch heute noch.

Draußen zieht ein Gewitter auf. Die Sonne, die es noch zu 25 Grad bringt, wird nun von dunkelblauen, grimmig anzuschauenden Wolkenballen verdeckt. Am Horizont bildet sich eine regelrechte Wolkenwand. Doch hin und wieder, so scheint es, wagen vereinzelte Sonnenstrahlen einen Durchbruch. Dennoch, es bleibt grau, die herbstlich bunt gefärbten Blätter rascheln. Hört niemand zu? Merkt die Kirche, die Kurie, der Papst im Vatikan nicht, wie es um uns und somit auch um sie steht?

»Wir haben ein Gesetz,
und nach diesem muss er sterben!«

Dieses Urteil der Pharisäer und Schriftgelehrten (Johannes 19,7) welches bereits vor zweitausend Jahren Christus zum Tode verurteilte und hinrichtete, wiederholt sich immer wieder, wenn ein Mensch nach dem »Buchstaben des Gesetzes« gerichtet und wenn ein Menschenleben dadurch vernichtet wird.

Deshalb sollte ich mich eigentlich nicht wundern, dass auch ich den dornigen Weg des Nicht-geduldet-und-verstanden-Werdens gehen musste, steht dieser doch in der direkten Nachfolge Christi. Aber, ich erinnere mich auch sehr lebendig daran, wie ich bereits als blutjunge Schwester empört war, als wir über das Leben unseres Gründers, Abt Franz Pfanner, sprachen. Auch wenn er den Orden ins Leben rief, hat Rom ihn abgestraft, denn es gab ständig Konflikte über die Art, wie das mönchische und missionarische Leben zu vereinbaren seien. So hatte es sich mir eingeprägt. Denn Trappisten üben Schweigen. Wie soll dann missioniert werden? Auch die Tracht musste dem heißen Klima angepasst werden. Genau um dieser Probleme willen hatte Abt Franz die Missionshelferinnen – wie sie anfangs genannt wurden – als neue Gemeinschaft ins Leben gerufen. Trappistinnen wären dieser Aufgabe nicht gerecht geworden. Auf alle Fälle lebte Abt Franz die letzten 16 Jahre seines Lebens in der Verbannung. Damals konnte ich nicht verstehen, warum er »sich das gefallen ließ«. Heute weiß ich es besser. Denn es gab wahrscheinlich bereits vor 100 Jahren die gleichen Probleme mit den Glaubenshütern in Rom sowie den obersten Vorgesetzten des Ordens (»Generaloberen«), die weit weg von der Basis deren elementarste Bedürfnisse nicht einmal erahnten.

Es gibt noch mehr Beispiele, direkt aus unserem heutigen Leben gegriffen, wo das Herz ins Spiel kommt und nicht nach den Regeln der Gesellschaft gefragt wird. Können Sie sich vorstellen, dass eine aufgeschlossene Entwicklungshelferin sich einem verzweifelten Afrikaner hingibt, ganz schlicht, um ihm zu zeigen, wie viel wert er ihr ist. In einer schwülen Tropennacht unter afrikanischem Himmel! Sie durchbrach das Schwarz-Weiß-Klischee und fragte nicht nach »Anstand und Treue«. Für sie war es der passende Ausdruck ihrer Nächstenliebe in der damaligen Situation. Ich schätze diese Frau und weiß, wie ihr Glaube sie bis heute durch alle Höhen und Tiefen des Alltags trägt.

Gehört das Verteilen von Kondomen nicht auch in diese Kategorie von Handlungen, bei denen auf die eigene innere Stimme gehört wird und nicht auf Befehle kirchlicher Gesetze? Um den Konflikt zu umgehen, spricht man heute von »medizinischen Hilfsmitteln« anstatt von Kondomen. Das nenne ich Heuchelei. Oder ein anderes Beispiel von einem unserer Ärzte, der mir zu verstehen gab, dass er die Eileiter von Frauen mit »zu vielen Geburten« durchtrennen würde, wenn das medizinische Risiko das für ihn als gerechtfertigt zeigt, auch ohne Aufklärung der Frau. In einer Einrichtung der katholischen Kirche ist das nicht erlaubt. Er hatte es trotzdem getan. Ich schwieg dazu, weil es bereits geschehen war. Aber offiziell erlauben durfte ich es nicht. Ich erinnere mich außerdem an das verzweifelte Ringen eines afrikanischen Arztes, der seine erste Frau verließ, weil sie sich nicht mehr um die Kinder kümmerte, sondern in eine psychiatrische Klinik in Behandlung musste. Er heiratete dann das ehemalige »Hausmädchen«, die sich zwar gut den Gegebenheiten anpassen konnte, aber gesellschaftlich nicht auf dem gleichen Niveau war. Es tat der gegenseitigen Liebe keinen Abbruch, aber die beiden litten sehr unter den kirchlichen Ge- und Verboten. Wie gut, dass diese Themen endlich angesprochen und durch die jetzige Bischofsynode in Rom »in Frage gestellt werden«, damit ein Umdenken möglich wird, um Menschen in ihrem heutigen Selbstverständnis zu erreichen, und lebensnahe Hilfe angeboten werden kann. So hoffe ich.

Als ich heute Google anklicke, schaue ich erstaunt auf die fast vergessenen farbenfrohen Nanas der Niki de Saint Phalle. Da sind sie wieder, die mich schon vor Jahren begeistert haben. Fast instinktiv lasse ich mich vom Mut und der bahnbrechenden Weitsicht dieser berühmten Französin anstecken und bin dankbar für jede Begegnung, die mich erneut anspornt, bei mir und meiner eigenen Vision zu bleiben.

So erlebte ich mich z. B. 2006 in Paris, als meine Freunde mit mir zu Fuß vom Bahnhof aus zum Centre Pompidou gingen und ich plötzlich den Strawinski-Brunnen vor mir hatte. Wie gebannt blieb ich stehen und freute mich riesig, meine »langjährige Freundin« zu treffen. Eine fröhlich kunterbunte Atmosphäre schuf die Künstlerin hier, vor dem Hintergrund der spätgotischen Kirche St. Merri, wie Christian mir zu verstehen gab. Als Kunstliebhaber schätzte er die Überraschung, die sie mir bereitet hatten.

Ähnlich war es bei einem Besuch in Hannover, wo Freunde mich dorthin führten, wo seit den 70er-Jahren drei auffallende Riesenfiguren den Blick auf sich ziehen, vor dem Hintergrund des eintönigen Leineufers. Eine tanzende, eine stehende und eine siamesische Nana versinnbildlichen hier die monumentale Kunst der Niki de Saint Phalle, die mit dem Klischee von der schwachen Frau aufräumt und endlich die Macht und Kraft freisetzt, die wir Frauen haben. Früher hätte ich Probleme mit diesen sinnlichen Symbolen gehabt, heute erkenne ich die kraftvolle Aussage. Dass die Künstlerin sich obendrein noch für HIV/Aids engagiert hat, machte sie mir noch liebenswerter. Ein bunt bebilderter Band mit der ihr typischen Art der Ornamentik erschien 1992 bei Rowohlt, und am 15.10.94 gab es die Erstausgabe der Freimarke »Stop Aids – Stop Sida« in Bern, ebenfalls mit ihrer Malkunst versehen, die mich an den Mythos der weiblichen Schlange erinnert. Sie schrieb es für ihren Sohn mit dem Titel: »AIDS. Vom Händchenhalten kriegt man's nicht.« Aufklärung ist die beste Prävention, das gilt bis heute, und zwar für alle Krankheiten, die unsere Mitmenschen auf dem drittgrößten Kontinent dahinraffen, Malaria und Tuberkulose eingeschlossen.

Als meine Freunde mich übrigens in den Louvre führten und wir schließlich die lange Warteschleife vor der Mona Lisa hinter uns gebracht hatten, stand ich vor dieser Mona Lisa mit Weltruhm und brachte ganz enttäuscht heraus: »So klein, ist das alles?« Wahre Schönheit liegt nicht am Bekanntheitsgrad oder dem Rollenspiel, das vorgibt, wie Frau zu sein hat. Das hat die Jugend heute wohl eher verstanden. So fiel mir doch eine Jugendliche auf – während ich darauf wartete, das die Verkehrsampel von Rot zu Grün wechselte –, die beschwingten Schrittes und mit wippenden Hüften die gegenüberliegende Straße entlangschritt. Die blaue Schirmmütze, nach hinten gekippt, hielt ihr üppiges Haar zusammen. Ob sie der Musik ihres iPods lauschte, konnte ich nicht erkennen. Sie wirkte leicht burschikos, und dennoch hatte ihr Gang etwas anmutig Weibliches. Sie schien mit sich im Reinen. Das strahlte sie aus. Eine Mona Lisa der heutigen Zeit. So deutete doch eine befreundete Ärztin tatsächlich mein Autokennzeichen mit den Initialen ML wie selbstverständlich als Mona Lisa, denn »das passe zu jeder Frau«, meinte sie lächelnd. Stimmt, denn nur wir Frauen haben dieses feinsinnige Lächeln, das oft mehr sagt, als viele Worte es können.

Das Herz ist größer

»Das Recht richtet sich nach Paragraphen, aber das Herz muss großzügiger richten!« So der Ausspruch nach der Beerdigung eines langjährigen Weggefährten, ein Satz, der mich sehr nachdenklich machte. Er kannte sich auf seine Weise in Afrika aus und brachte es fertig, elektrische Geräte wie Kühlschränke, Waschmaschinen, Sterilisatoren vor Ort so ans unstabile Stromnetz anzuschließen, dass sie den häufigen Schwankungen standhielten. Das machte er persönlich, um sicherzustellen, dass das vorhandene Personal auch in die Bedienung eingewiesen wurde, sodass die Anschaffung zum »Gewinn« für alle Beteiligten wurde. Seine Vorgehensweise konnte als kleinlich oder sogar rechthaberisch empfunden werden. Letztendlich kam es jedoch auf den Erfolg an. Der gab ihm recht. Die Afrikaner schätzten seine Hilfe und ließen sich gerne belehren. Liegt es also an dem Blickwinkel, aus dem wir eine Sache betrachten?

In einem seiner Schreiben spricht Papst Franziskus davon »dass bereits der hl. Thomas von Aquin betonte, dass die Vorschriften, die dem Volk Gottes von Christus und den Aposteln gegeben wurden, ganz wenige sind.« (Freude des Evangeliums, 43, 47) Indem er den hl. Augustinus zitierte, schrieb er, dass die von der Kirche später hinzugefügten Vorschriften mit Maß einzufordern sind, »um den Gläubigen das Leben nicht schwer zu machen« und unsere Religion in eine Sklaverei zu verwandeln, während »die Barmherzigkeit Gottes wolle, dass sie frei sei.« (43, 48).

Warum beginnen wir dann nicht, ohne auf weitere »Erlaubnisse« zu warten? Genau das ist es, was mein Jetzt so stark von meinem früheren Leben unterscheidet. Es gibt niemanden mehr, der mir sagt, dass ich dieses und jenes zu tun habe. Jetzt bin ich selbst diejenige, die Entschlüsse für mein Leben trifft und dabei herausfindet, was mir Freude macht, was gut und möglich für mich ist. Das ist ein großer Unterschied. Mich selbst »frei« zu entscheiden kann recht mühsam werden an Tagen, an denen »keine Sonne scheint«, an denen mich alles eine Überwindung kostet. Dennoch erlebe ich meine eigenen Entscheidungen als befreiend. Dadurch lerne ich, ganz anders mit mir umzugehen. Ich lerne, zu mir und meinen Wünschen zu stehen, ganz gleich, ob ich mich für das angeblich Richtige entschied. Denn ich übernehme Verantwortung für mich selbst. Aus dem Wissen, das mir zu einem gegebenen Zeitpunkt zur Verfügung stand, und aus meiner emotionalen Empfindung heraus glaubte ich, etwas Gutes zu tun; das sollte mir genügen.

Ein weiteres Beispiel, das meine heutige Lebenswirklichkeit zeigt, hängt mit dem Sprechen zusammen. Das mag komisch klingen, und es bezieht sich nicht auf das Wie oder Wo oder meine Art zu sprechen, sondern darauf, dass ich jetzt nicht mehr an die zeitlichen Regeln des klösterlichen Schweigens gebunden bin und selbst entscheide, mit wem ich rede, so, wie ich es gerade richtig finde. Dadurch, dass wir früher gehalten waren, selbst während der Arbeit nichts »Unnötiges« zu sagen, und bei Tisch immer neben den gleichen Schwestern saßen. Faktisch sagte »man« nur, was erlaubt war. Das wurde mir schnell klar, als ich über den Stellenwert der Kommunikation im Kloster nachdachte. Und noch schlimmer war es, wenn ich mit Vorgesetzten sprach, die mir anstelle einer offenen Diskussion in den meisten Fällen meine Fehler vorhielten, also Verstöße gegen die Regel. Schon allein der Versuch einer Verteidigung war ja ein weiterer Beweis, dass es an der notwendigen Demut fehlte.

Das heutige Schlagwort ist Dialog, doch der will gelernt sein. Bei uns gab es immer nur die interne Kontrolle, nach den Gesetzen der Regeln ohne eine klärende neutrale Stimme von außerhalb, d. h. von Fachleuten. Obgleich der Gehorsam mit einem gemeinsamen Horchen auf Gott begründet wurde, sah es meistens so aus, als wüssten die Oberen am besten, was »Gott wollte«. Dabei war auch immer eine Art von Strafe mit im Spiel. Denn eine Versetzung erfolgte selten, weil dringend eine Person mehr an anderer Stelle gebraucht wurde, sondern häufig ging es um das sehr weltliche Prinzip des Hinauf- oder Fortgelobt-Werdens. Es ging kaum um persönliche Fähigkeiten, sondern eher darum, den »Stolz« der Einzelnen zu bekämpfen. Ein offener, ehrlicher Umgang mit der Situation hätte einen Dialog möglich gemacht. Beide Seiten würden sich auf Augenhöhe erleben.

Auch heute horche ich weiter auf diese innere göttliche Stimme, die mich leitet. Aber sie scheint mir jetzt reeller. Je nach Situation muss ich mich neu damit auseinandersetzen, kann auch mit Freunden im Austausch stehen, um ihren Rat einzuholen, aber erst dann, wenn ich innerlich mit mir im Einklang bin, weiß ich mich auch in Gottes Willen aufgehoben. Wie hätte ich sonst den Schritt der Trennung vom Orden nach 40 Jahren »überleben« können? Ich war an den Punkt gekommen, dass ich keinen anderen Weg mehr sah. Für mich war es das Richtige zu gehen. Diese immer wiederkehrende Zerreißprobe zwischen starren Regeln und der realen Situation im Zusammenspiel mit und für Menschen oder im fachlichen, beruflichen Austausch hatte mich »mürbe« gemacht. Ich war ausgepowert, wie ich es im englischen bezeichnen würde. Oder sollte ich sagen: ausgebrannt? Burn-out ist zwar behandelbar, aber sehr viel schlechter, wenn man nach der Therapie in die gleiche Situation zurückkehren muss. Deshalb wollte und konnte ich mir das nicht länger zumuten.

Während meines Abendspazierganges auf den kleinen Hügel kommt mir ein Afrikaner entgegen, der sich liebevoll seitlich nach unten beugt. An seiner rechten Hand führt er ein kleines Menschlein mit schwarzlockigem Haar. Die Kleine, den rosa Schnuller als weiteren Halt saugend, balanciert Schritt für Schritt vorwärts. Sie scheint ein wenig unbeholfen und steif, strebt aber, wenn auch schwankend, unentwegt weiter – rechts, dann links und wieder von vorne ...

Ich kann ihr kein Lächeln entlocken, zu mühsam scheint sie sich auf den Beinen zu halten. Dafür strahlt jedoch ihr Vater – oder ist es der Bruder? – mich an und erwidert dadurch meinen Gruß.

Ich glaube, dass selbst er meine Worte nicht verstanden hat, aber das ist auch nicht nötig. Dank seiner sicheren Hand kommt die Kleine voran und lernt somit, früh auf eigenen Beinen zu stehen.

Beim Weitergehen werde ich meines eigenen Schrittes gewahr, den ich mit fortgeschrittenem Alter auch als schwer und steif empfinde. Schmunzelnd erkenne ich die Symbolik: So können wir beide, jede auf ihre Weise (die Kleine und ich als Seniorin), wohl am ehesten erfahren, was es heißt, an der Hand eines anderen so lange zu gehen, bis wir bereit sind, in ein neues Leben hinüberzuwechseln: sie in die Eigenständigkeit der Jugend und des Erwachsenwerdens und ich in die »Unendlichkeit« des Lebens nach dem Tod.

Aber so weit wollte ich gar nicht mit meinen Gedanken schweifen. Denn mein Alltag ist viel banaler. Deshalb suche ich mir immer Mutmacher und Gedanken, die mich aufrichten. Sagt uns nicht der Kleine Prinz von A. de Saint-Exupéry: »Man sieht nur mit dem Herzen gut, das Wesentliche bleibt für die Augen unsichtbar.«? Wie wahr das im täglichen Leben wird, wenn wir uns z.B. flüchtig über dieses und jenes hinwegsetzen oder verärgert reagieren, ohne die Konsequenzen bedacht zu haben. Und dennoch findet es kaum Beachtung.

Als Ordensfrau ließ ich mich vom Rhythmus und von den diversen Regeln des Ordensalltags prägen. All dies ging mir gewissermaßen in »Fleisch und Blut über«, so wie der Alltag Berufstätiger diese in die Pflicht nimmt, sodass der zeitliche Kreislauf des Tages häufig vom Takt der Arbeit bestimmt wird. Ich hörte noch lange nach meinem Austritt jede Kirchenglocke und fragte mich, welches Gebet nun »anstand.«

Die inneren Forderungen können jedoch noch bedrängender sein, weil ich vielleicht wiederholt auf eine Form der Bestätigung oder Anerkennung warte. Wie z. B. durch Mails, die ich verschickte, in der Hoffnung auf Antwort, die mir zeigte, dass ich richtig lag. Es war nicht leicht, mich von dem jahrelang eingeübten Rhythmus wirklich zu befreien.

An dieser Stelle fällt mir die Frage ein: Wie steht es heute denn ganz allgemein mit dem Umgang untereinander? Mich verwundert das zunehmende Desinteresse am gegenseitigen Wohlempfinden, an der Achtung für andere, das ich in den vergangenen Jahren erleben musste. Bin ich als alleinstehender älterer Mensch und zudem als Frau zu empfindsam geworden? Mag sein. Dennoch fällt mir auf, dass ich heute kaum noch eine Entschuldigung höre. Für mich scheint sie aus unserem Wortschatz entschwunden. Dabei kann diese fast »natürliche Höflichkeitsform« das Leben im Miteinander sehr erleichtern. Dem Engländer kommt das »sorry« leicht von den Lippen, und mir war es in Afrika auch zur Gewohnheit geworden. Das meine ich jedoch nicht als oberflächliche Floskel. Hier sollte es um Wesentlicheres gehen.

Dazu fallen mir Beispiele ein, die mich stutzig und nachdenklich machten. Wie zum Beispiel bei dem schon erwähnten Unfall. Als ich von dem jungen Mann mit dem Fahrrad auf dem Bürgersteig umgefahren wurde. Was mir bei diesem Vorfall auffiel, war, dass der Unfallverursacher oder seine Eltern nicht ein einziges Zeichen gaben, dass sie wissen wollten, wie es mir geht. Als der Richter schließlich entschied, dass eine Entschuldigung fällig sei, konnte ich wählen, ob ich den Schüler treffen wollte oder ob er mir schreiben sollte. Ich entschied mich zu dem Treffen. Der Beamte betonte dann, dass diese Bereitschaft vortrefflich von dem jungen Mann sei. Ich brauchte eine Sekunde, um das zu begreifen. »Ja, andere laufen nach einem Unfall weg«, wurde mir erklärt.

»Mag sein, aber das ging ja gar nicht, ich lag ja praktisch vor ihm. Er hätte über mich steigen müssen. Außerdem stand die Ambulanz an der Unfallstelle«, erklärte ich sachlich. Dann bedankte ich mich jedoch und gab ihm einen Flyer meiner Bücher, um ihm zu zeigen, dass auch ältere Menschen etwas bewegen können.

Als ich meinen Hausarzt später um eine Kopie des Unfallberichtes bat, stellte sich heraus, dass es keinen gab. Im Krankenhaus fragte ich selbst nach und bekam schließlich einen Brief ausgehändigt, der an einen mir ganz fremden Arzt adressiert war. Die Verwaltung meinte dazu, ich könne es ja korrigieren. Das war alles. Dabei wird zumindest in jedem Krimi die ärztliche Schweigepflicht großspurig hervorgehoben. So etwas hätten wir uns damals im Krankenhaus im afrikanischen Busch nicht geleistet. Eine Entschuldigung wäre das Wenigste gewesen. Die Achtung vor dem Nächsten und seiner Würde kann in meinen Augen dadurch verloren gehen.

Im Verkehr beobachte ich, wie Fahrer die Wege ohne Vorwarnung rasant abschneiden, um an der nächsten Ampel gerade einmal eine Wagenlänge eingespart zu haben. Radfahrer radeln weiter »geschickt« durch die Menge der Passanten, bis sich einer so bewegt, dass es zum Sturz kommt. Hundekot liegt überall, und von den wenigsten wird das angeprangert. Wen kümmert es schon groß, wenn betagte Menschen gefährlich darauf ausrutschen? Es sieht so aus, als hätten wir in den letzten Jahrzehnten gelernt, nur immer das zu tun und zu sagen, was für uns persönlich von größtem Nutzen zu sein scheint.

Hat das vielleicht auch mit der Verschleierungstaktik der Kirche zu tun, die jahrelang die Missbrauchsfälle unter Verschluss hielt? Oder die im Stillen Alimente für Priester zahlt, die eine Frau schwängern, ihnen aber nicht erlaubt, offen dazu zu stehen oder sie zu heiraten? Ganz zu schweigen von den vielen Priestern, deren Geliebte ganz im Verborgenen bleiben müssen? Ebenso verschwommen sind die finanziellen Fakten wie z.B. um den ehemaligen Bischof von Trier, der Millionen verschleudert hat, unter dem Vorwand, einem

Bischof als »Hirt seiner Herde« stünde so etwas eher zu. Und wie steht es um die Arbeitsbedingungen der kirchlich Angestellten ganz im Allgemeinen? Wie es aussieht, ist die Kirche auch da kein Vorbild. Wenn es um die Würde des Einzelnen geht, dann sind wir doch alle gemeint, und wir sollten wieder lernen, ehrlicher miteinander umzugehen. Wir dürfen unsere Meinung sagen, auch dazu hat jede und jeder von uns ein Recht. Und diese Meinung kann individuell verschieden sein. Wenn sie nicht bösartig gegen andere gerichtet ist, gehört sie zu unserer Lebensrealität und auch -qualität.

Dazu noch eine Episode. Als bereits vor Jahren von den muslimischen Frauen und ihren Kopftüchern geredet wurde, diese jedoch heftig kritisiert wurden, warf ich ein, dass katholische Ordensfrauen mit ihren Schleiern doch nicht weniger auffallen würden und ebenso für ihre religiöse Überzeugung stünden. Ich erlebte erschrockene, ja sogar ärgerliche Reaktionen. Auf keinen Fall durfte solch ein Vergleich gezogen werden, das gehöre sich nicht, hieß es lautstark. Dabei war ich die Einzige, die Erfahrung mit solch einem Schleier hatte. Die Zeiten haben sich geändert. Mittlerweile kann man genau dieses Argument in der freien Presse lesen. Wie können wir uns eine Meinung bilden, wenn wir noch nicht einmal darauf hören, was für ein Gedanke geäußert wird oder aus welchen Gründen?

Niemand will sich mehr festlegen; es ist fast, als stünden wir ständig vor Gericht. Ausweichende Antworten sind die Regel, sodass man sich nicht binden muss. Als ich meine Flyer drucken ließ und erst Monate später feststellte, dass die Zahlen für das Spendenkonto falsch gedruckt waren, hieß das Gegenargument sofort: Deshalb sollten Sie es ja persönlich kontrollieren! Das stimmt zwar, aber... Also schluckte ich erst einmal. Früher hätten wir uns für diesen »Tippfehler« sicher entschuldigt. Noch mehr Beispiele anzuführen wirkt beengend; wir kennen sie alle. Es sollte immer um den gegenseitigen Respekt voreinander gehen.

Diese Achtung voreinander vermisste ich ebenfalls, als die Urkunde aus Rom eintraf, die mich von meinen Gelübden der Armut, Keuschheit und des Gehorsams entband. Ergänzend wurde angeführt, dass ich für meine im Orden geleistete Tätigkeit nichts verlangen könne, dieser jedoch evangelische Nächstenliebe mir gegenüber walten lasse solle. Diese Ironie erlebte ich als schockierend. Somit gibt es für meine 40-jährige Mitgliedschaft und qualifizierte Tätigkeit im Orden keine rechtliche Handhabe, einen angemessenen Lohn einzufordern. Aber evangelische Nächstenliebe sollte geübt werden.

Für mich sieht das nach neuzeitiger Leibeigenschaft aus, die jedoch niemand wahrhaben will. Weder die Kirche noch der Staat. Das ist das eine. Dass aber die Nachversicherung, die seit 1957 von der Rentenversicherung in Berlin rechtlich eingefordert wurde, auf der Basis von Kost und Logis berechnet wurde (und nicht nach dem aktuellen Lohn des jeweiligen Berufes) und deshalb so niedrig ausfiel, dass sie meistens auf Sozialhilfeniveau herabsank, das wurde dann auch noch als »evangelische Nächstenliebe« bezeichnet. Welch ein Hohn! Warum spottet Kirche mit ihren eigenen Werten?! Bei diesem Vorbild müssen wir uns nicht wundern, dass die Lehre Christi nicht mehr für voll genommen wird.

Dennoch – auch das ist nur die eine Seite der Wahrheit. Heute, am 1. November, feiert die Kirche das Fest Allerheiligen. Das ist nicht nur ein Aufruf zum Ansporn, sondern genauso eine Feststellung: »Schwestern und Brüder: wir heißen Kinder Gottes, und wir sind es, durch die Liebe, die uns der Vater geschenkt hat!« (nach 1. Johannes 3,1) Wir sind Teil der Menschheitsgeschichte und dürfen uns der großartigen Zahl derer gewiss sein, die uns vorausgegangen sind und je nach ihrem jeweiligen Können und Ermessen den Weg beschritten haben, der für sie gangbar war und vielleicht für uns zum Vorbild wurde. Das ist für mich eine wunderbare Ermutigung, denn ich kenne so viele, die sich mit dem Erbe ihres Glaubens auseinandergesetzt haben, um voller Tatendrang weiterzumachen, ohne sich schämen zu müssen. Ob in Europa oder in Afrika, denn in diesen Kulturen konnte ich die meisten Erfahrungen sammeln und sie sind mir am stärksten ans Herz gewachsen.

Während ich heute der Predigt in St. Marien lausche, sehe ich mich wieder in der Kathedrale von Nairobi, die zwar ein Vielfaches mehr an Sitzplätzen aufweisen kann, doch das Flair, das dort von den farbenfrohen Kirchenfenstern ausgeht, hat eine große Ähnlichkeit mit St. Marien, genauso wie der zentrale, am Kreuz hängende Christus. Besonders wenn die Sonne ihre Strahlen durch das Glas schickt. Ob für 2.000 oder für 200 Besucher, die Botschaft ist die gleiche, und die Kraft des Glaubens, die in diesen Kirchenschiffen erlebt wird und von ihnen ausstrahlt, ist weltbewegend. Das ist es, was zählt. Ich habe es erlebt – in beiden Welten. Und wenn dann noch rhythmisch getanzt wird, weil Leib und Seele als Einheit das Reich Gottes beleben, dann scheint das »himmlische Jerusalem« bereits jetzt angebrochen zu sein.

Wem das zu hoch gegriffen ist, der kann sich vielleicht eher mit den kleinen Überraschungen des Alltags anfreunden. »Der größte Glückspilz ist derjenige, der das kleine Glück erkennt«, steht unter dem Bild eines borstigen kleinen Igels, der mühsam einen abgebrochen Ast erklimmt, um das Gänseblümchen zwischen den Holzscheiten bewundern zu können. Diese Aufforderung macht mich so froh, weil sie auf die kleinen Zeichen am Wegrand hinweist, die uns allen geschenkt werden. Wenn wir die Augen aufmachen, werden wir sie sehen.

Dazu gehören die selbstverständlichen Liebeserweise – wie ich sie nennen möchte – des bewussten freundlichen Grußes auf der Straße, im Geschäft oder beim zufälligen Treffen. Aber noch stärker fällt mir auf, dass so manche Tür liebenswürdig aufgehalten wird. Oder ein Auto hält unerwartet an und lässt mir den Vortritt. Da gibt es viele Feinheiten, die ich mit Staunen wahrnehme. Als ich z. B. für meinen abgegriffenen Arbeitsstuhl im Baumarkt einen neuen kaufen will, merke ich, dass ich ihn selbst zusammensetzen muss. Das hatte ich »übersehen«. Doch die freundliche Verkäuferin zaudert nicht lange, sondern legt mitsamt ihrem Kollegen wie selbstverständlich mit Hand an. Wie liebenswürdig.

Man zeigt mir nicht, wie unbeholfen oder unwissend ich bin, sondern »übersieht« das Missgeschick und hilft, damit ich mich wohlfühle. Genauso erstaunlich trifft das auf die vielen Hilfestellungen beim PC zu. Selbst per Telefon erhalte ich immer wieder hilfreiche Anweisungen, wie ich aus einem falschen Handgriff wieder in die nötige Ausgangsstellung zurück finde. Das erlebe ich als Nicht-Profi beinahe wie ein Wunder. Und wenn ich dann weiter schreiben kann und nichts verloren ging, bin ich so dankbar, dass es auch diese virtuelle Hilfe gibt. Auch das gehört unter die Rubrik der Menschenwürde.

Fast unauffällig wird ein älterer Mensch – wie ich es nun bin – mit eingebunden und darf sich dazugehörig fühlen. Sei es in der Pfarrgemeinde, in der Nachbarschaft, im Ort oder dem Verein, in dem er einmal ein aktives und kreatives Mitglied war. Denn auch für ihn gelten die weisen Worte des französischen Schriftstellers Jean Moreau: »Alternde Menschen sind wie Museen. Nicht auf die Fassade kommt es an, sondern auf die Schätze im Innern!« Für mich stehen diese Zeichen der Höflichkeit und Nächstenliebe für das, was in uns gewachsen ist und gleichzeitig für das, was bleibt.

Die Liebe entdeckt man, indem man liebt

Das meint der Spanier Paulo Coelho, denn »Liebe muss nicht verstanden werden, sie muss nur gelebt werden«. Diese Lebensweisheit wird ständig neu »erfunden«. Ob als Mahnung aus der Bibel übernommen oder so, wie der Einzelne es für sich als Vision erahnt oder als Lebensmotto ausdrückt. Es geht dabei um ein Grundprinzip des Lebens. Und um das Geschenk, das sich in der Würde von uns Erdenbürgern ausdrückt, ganz gleich, aus welchem Kulturkreis wir kommen oder sogar, welcher Religionsgemeinschaft wir angehören.

Als ich vor Tagen einen Besuch bei einer Bekannten machte, blickte ich erstaunt auf die kunstvoll verzierten Sprüche, hinter Glas, im Eingangsbereich ihrer Wohnung. Es waren Auszüge aus unserem Grundgesetz bzw. aus der Charta der Grundrechte der Europäischen Union vom 07.12.2000. Unübersehbar stand da: »Die Würde des Menschen ist unantastbar. Jede Person hat das Recht auf Leben, das Recht auf Unversehrtheit.« (Artikel 1,2,3) Meine Bekannte strahlte, als ich sie darauf ansprach. Wir haben beide den Zweiten Weltkrieg als Kinder erlebt und sind uns des hohen Wertes des Friedens seit 1945 bewusst. Auch ohne die vielen Gedenktage, die uns in diesem Jahr erneut aufrütteln sollen, damit kein weiterer Krieg zugelassen wird. Dennoch erleben wir gerade jetzt weltweit so viele aktive Krisenherde, dass es mir dringend notwendig erscheint, sofort etwas dagegen zu unternehmen. Immer geht es dabei um die Würde jedes einzelnen Menschen. Das ist es, was mich so erschüttert bei den Erinnerungen an die Morde von Auschwitz. Es ist nicht nur diese unfassbare brutale Mordmaschinerie in den Konzentrationslagern, sondern genauso erschreckend erlebe ich die »Entmenschlichung« jedes einzelnen Gezeichneten, die ehemals erfolgreiche Geschäftsmänner und Väter, liebevolle Mütter und ahnungslose lebensfrohe Kinder waren. Wie konnten wir Menschen es wagen, einander so herabzusetzen und anzugreifen, nur weil da jemand anders aussieht, anders denkt, einen anderen Gott verehrt. Das klingt vielleicht zu vereinfacht ausgedrückt. Aber es rührt sicher an einen der Schwachpunkte in unserer Geschichte. Wer bin ich? Was würde ich tun? Wie widersetze ich mich dem Übel? Diese Fragen werden wach in mir. Ihnen muss ich mich stellen, und zwar jetzt und eigentlich täglich, nicht nur an den Gedenktagen. Und ich möchte mich in meinem Umfeld so verhalten, dass ich die Würde jedes Menschen, dem ich begegne, achte. Wenn alle Menschen so dächten, wären Kriege unmöglich.

Wir hatten uns jedoch getroffen, um über Ostafrika zu sprechen, das Land, in dem ich 28 Jahre lang leben und wirken durfte. Also, das ehemalige Tanganyika (Deutsch – Ostafrika), das am 26. April 2014 die 50-Jahr-Feier des Zusammenschlusses des Festlandes Tansania mit der Insel Sansibar beging (und am 07.07.1961 seine Unabhängigkeit feierte).

Meine Gastgeberin zeigte mir ihre zahlreichen Fotos von den verschiedenen Naturschutzgebieten und der vielfältigen Tierwelt im Norden des Landes. Sie bereiste beide Länder. Da sie bereits mehrmals in afrikanischen Ländern zu Gast war, konnte sie gut Vergleiche ziehen und lobte den Ausbau des Tourismus, der mittlerweile eine wesentliche Einnahmequelle für Tansania geworden ist, während früher Kenia im Vordergrund stand. Darüber freute ich mich. Denn das hatte ich auch erlebt und ebenso die Zeit, als das Land nicht genügend Devisen hatte, um den wohlhabenden Touristen die Menüs anzubieten, die diese für ihren Lebensstandard bevorzugten. Das scheint heute überwunden. Aber die Autofahrten auf den waschbrettartigen Schotterstraßen, die hatten sich ihr sichtlich eingeprägt. Ja, daran musste ich mich früher auch gewöhnen. Dem Rücken taten sie nicht gut, doch gehörten diese Unannehmlichkeiten einfach zum Leben dort dazu, dachte ich damals. Dass es noch immer kaum Asphaltstraßen gibt, zeigt u. a., dass Tansania auch nach 50 Jahren weiterhin zu den Entwicklungsländern gehört.

Aber noch betroffener war meine Bekannte von der unübersehbaren Armut der einfachen Bevölkerung, die noch immer in Hütten aus Lehm wohnen, mit festgestampftem Boden und einem Wellblechdach, das den Regen abhält, aber die Sonne auf sich zieht. Und das ohne fließendes Wasser zum Trinken, Kochen oder Waschen oder auch ohne richtige Toilette. Diese unhygienischen Lebensbedingungen haben sich in den letzten 20 Jahren seit meinem Austritt aus dem Kloster bei den wenigsten geändert. Leider – oder sollte ich sagen, dass es eine Utopie wäre, so etwas zu erwarten? Der einheimische Reiseführer dort, der meine Bekannte kenntnisreich durch die Reservate begleitete, sprach gutes Deutsch, denn er kam aus einer der Schulen im Süden des Landes, die von den Benediktinern aufgebaut wurden. Sein umfangreiches Wissen half ihm später bei der Berufswahl. Es tut gut, auch daran erinnert zu werden, dass unsere Missionsarbeit nicht umsonst war, sondern fruchtbar in vielfältiger Hinsicht.

Das bezeugte ebenso der Anruf einer ehemaligen Entwicklungshelferin, die nach Abschluss der Missionsschule nach Nigeria ging, um dort ihren Dienst zu tun, ohne in den Orden einzutreten. »Damals war alles eher darauf ausgerichtet, den armen Menschen in Afrika zu helfen. Heute ist der Fokus viel stärker auf Hilfe zur Selbsthilfe gelegt, nicht wahr?« – »Das stimmt allerdings, und darüber bin ich sehr froh«, war meine Antwort. Denn die Erfahrung hat gezeigt, dass sich nur etwas ändern kann, wenn den Menschen dort, wo sie Not leiden, auf Augenhöhe begegnet wird. Sie müssen mit eingespannt werden in den Prozess der Suche nach einer Lösung für ihre Probleme. Auch wenn das viel mehr Zeit in Anspruch nimmt, kann diese Teilnahme wahre Wunder bewirken. Das habe ich zwar auch schon früher versucht, indem wir z. B. den Mitarbeitern ein gewisses Mitspracherecht gaben, aber heute ist das selbstverständlicher geworden.

Das beweist die langjährige Arbeit der beiden Frauen, die ich kürzlich kennenlernen durfte. Eine ist aus Tirol, die andere traf ich in Köln. Beide haben sich voll in ihr Projekt integriert. Mein enger Kontakt mit ihnen macht es mir auch aus der Ferne möglich, annähernd an ihren Sorgen teilzuhaben. Die eine leistet hervorragende Arbeit bei den Massai im Norden, die andere an der Küste Kenias. HIV/Aids ist auch nach 30 Jahren Schreckensherrschaft eine Herausforderung. Selbst wenn es bereits bezahlbare medizinische Behandlung gibt, so bleiben die Kosten für Essen, Schule und Ausbildung für die meisten Betroffenen ohne fremde Hilfe unerschwinglich. Weitere Herausforderungen in der Projektarbeit sind die Genitalverstümmelungen, die zu den hartnäckigeren Traditionen gegen die Menschenrechte gehören und bei denen es wieder einmal um die Vorrangstellung des Mannes geht. Es tut mir gut, von diesen Frauen und ihrem Alltag zu hören. Ich versuche, ihnen Mut zu machen, indem ich mich solidarisch zeige, und durch meine eigenen Erfahrungen fällt es mir leichter, ihre jeweilige Situation besser einzuschätzen. Außerdem geben mir die beiden das gute Gefühl, noch weiter im Einsatz zu sein, auch wenn ich nicht mehr vor Ort bin.

Dieses »Gefühl« geht so weit, dass ich bei den Nachrichten über Ebola sofort überlegte, ob ich mich nicht auch melden müsste. Ja, ich sage »müsste«, denn ich verstehe die lokale Situation der Menschen in den Armutsvierteln in Afrika vielleicht besser als die meisten Europäer, und ich kann mich in ihren Kulturkreis und ihre Denkweise wesentlich besser hineinversetzen als diejenigen, die sich als überlegene Helfer anbieten und eventuell glauben, mit Geld alles richten zu können. Außerdem habe ich bereits den Schrecken einer plötzlichen Cholera-Epidemie erlebt. Bei dieser Katastrophe starben von den 160 Patienten »nur« zwei, weil wir zum einen genügend Infusionen für die effektive Behandlung hatten, aber ebenso, weil es uns gelang, peinlich auf die grundlegendsten Regeln der Hygiene zu achten und die umliegende Bevölkerung zu mobilisieren, dass sie mit alten Traditionen brach und eine sofortige Quarantäne eingehalten wurde.

Auch hier ging es darum, die Verstorbenen nicht mehr zu berühren, geschweige denn, selbst zu waschen und zu »säubern« (bei der Entleerung des Darmes steckten sich die meisten an). Obgleich dieses Ritual zu den Bräuchen gehört, die »heilig« gehalten werden, besonders im Islam. Es gibt also Ähnlichkeiten, die helfen könnten! Aber: Meine zunehmende Schwäche und mein Alter hielten mich davon ab. Mein Mitgefühl wagte es nicht mehr, die Vernunft zu besiegen. Ich habe das mir Mögliche zu meiner Zeit bereits getan.

Von dem Frauenprojekt bei Mombasa hörte ich, dass der Tourismus (wohl durch die politische Lage) stark nachgelassen hat, sodass immer mehr Männer arbeitslos werden. Plötzlich wird diesen Männern klar, dass sie jetzt von der Arbeit ihrer Frauen abhängig sind, denn diese verdienen durch Häkelarbeit im Projekt das Geld, das zum Lebensunterhalt der Familie nötig ist. Ihre Kinder werden durch die Schulen des Projektes gefördert, denn Bildung ist die beste Grundlage für Veränderung in der Zukunft. Gleiches gilt auch bei den Massai, doch ist es dort noch schwieriger, gegen die uralten Traditionen anzugehen, die den Männern die Vorherrschaft gegeben haben. Ich denke dabei nur an den einen Brauch, der es den Moranen erlaubt, mit den jungen Frauen ihrer Kumpanen »zu schlafen«, solange sie ihren Speer als Warnung vor den Eingang der Hütte stellen, in der sie sich gerade aufhalten. Auch dieser Brauch hat in den Zeiten von Aids tödliche Folgen. Nur die Moranen selbst können das ändern, doch ist dazu intensive Aufklärungsarbeit nötig. Denn sonst bleibt es bei den Vorurteilen, dass die bösen Europäer ihnen das bisschen Freude nicht gönnen, nur weil sie selbst nicht die gleiche sexuelle Kraft besitzen!

Am 04.11.2014 steht die Nachricht im Netz (www.zeit.de), dass in Namibia drei HIV-infizierte Frauen einen Sieg vor dem Obersten Gerichtshof des Landes errungen haben. Sie waren im Kreißsaal gezwungen worden, die Einverständniserklärung zur Sterilisation zu unterschreiben, falls sie mit Kaiserschnitt entbinden sollten. Ein Kaiserschnitt reduziert das Risiko einer Übertragung des HI-Virus auf das Neugeborene und wird deshalb häufig vorgezogen. Die Zwangssterilisation ist jedoch als »grob fahrlässig« zu beurteilen, erklärte das Gericht und sprach den Frauen Schadensersatz zu. Schon sieben Jahre lang hatte eine Frauenorganisation geklagt, jetzt gab es den ersten Durchbruch. Dieser stärkt zugleich die Position der Frauen in ganz Afrika, stellen sie fest, nicht nur der HIV-Positiven.

Laut UNAIDS leben rund 250.000 Namibier mit dem HI-Virus, das sind mehr als zehn Prozent der Bevölkerung. Wie gewöhnlich ist die Dunkelziffer jedoch deutlich höher, weil viele Menschen sich gar nicht testen lassen, besonders in den ländlichen Regionen, wo es oftmals keine Gesundheitsstützpunkte gibt. Außerdem werden Infizierte ausgegrenzt und diskriminiert; das wollen sie vermeiden. In Namibia, auch ein afrikanisches Land, das unser deutsches Erbe trägt, genauso wie in den Ländern, in denen ich »vor Ort war«. Ihre wahre Lage werden diese Frauen uns erst anvertrauen, wenn sie sicher sind, dass wir auf ihrer Seite stehen. Und das geht nur ohne Vorurteil und ohne kirchliches Urteil über Prostitution und sakramentalen Ehebund. Ich befürchte, dass unsere Kirche sich da in eine Dialektik verrennt, der die Mehrzahl der Christen nicht folgen können oder wollen.

Diese HIV-positiven Frauen haben geliebt, denn sie haben sich für ihre Familie geopfert. Sie haben sich höchst wahrscheinlich (in der Mehrzahl) bei ihrem Ehemann angesteckt, oder wenn er bereits verstorben ist, ließ er sie mittellos zurück. Die letzten Reserven wurden in der Pflege des Familienoberhauptes verbraucht. Wie kann die Witwe jetzt für die vaterlosen Kinder sorgen? Entweder übernimmt der Bruder des Verstorbenen seine Schwägerin, um sie weiter zu entwürdigen (mit sogenannter Säuberung durch Beischlaf), aber sicher nicht, um sie zu schützen (wie es heißt), sondern sie wird als Arbeitskraft ausgenutzt. Auch wenn sie rechtlich geschützt sein sollte (Landrecht/Erbrecht), so steht das nur auf dem Papier. Da ziehen viele es vor, zu fliehen und erst einmal sich und ihre Kinder durch Prostitution am Leben zu erhalten.

Schon das Zweite Vatikanische Konzil forderte uns auf, die »Zeichen der Zeit« zu erkennen und danach zu handeln. Geht es im täglichen Miteinander nicht darum, christliche Nächstenliebe in der Seelsorge zum Ausdruck zu bringen und weniger um die starre Einhaltung von Dogmen? Sonst fehlt meines Erachtens die nötige Glaubwürdigkeit.

Meine Vision von der echten Mitmenschlichkeit ist eng mit meiner jetzigen Erfahrung und Lage verbunden. Warum sind wir Frauen in der Kirche nicht anerkannt? Nicht ebenbürtig, gleichwertig? Immer nur in dienender Position, zweitrangig, zuarbeitend. Warum werden wir nur als »Mittel zum Zweck« gesehen? Die Frau und Mutter, die Kinder auf die Welt bringt und sich um sie kümmert. Die Ordensfrau, die kostenlose Arbeit liefert und Bildung, Gesundheit und vieles mehr bei anderen fördert, ohne selbst dafür jemals etwas erwarten zu können? Oder die anderen Frauen in der Kirche, die zwar mithelfen dürfen beim Säubern und Schmücken des Gotteshauses oder dem Organisieren von Veranstaltungen etc., aber sie dürfen keine verantwortlichen leitenden Stellen übernehmen, geschweige denn geweihte Diakoninnen oder Priesterinnen sein.

In einer Ehe gibt es im Idealfall Ebenbürtigkeit zwischen Mann und Frau, oder Mann und Mann und Frau und Frau. Ebenso in fruchtbringenden Freundschaften. Aber bei Kirche und Orden erlebe ich hierarchische Strukturen, die noch unüberwindbar sind und jede Reform zu blockieren scheinen. Unser Papst hat zwar jetzt aus Anlass des Mauerfalls gesagt: »Wo es Mauern gibt, ist das Herz verschlossen. Wir haben Brücken nötig, um die Mauern zu überwinden«. Aber wie und welche Brücken? Können auch diese meine Zeilen als Brücke dienen, um Augen und Herzen zu öffnen?

Sicher fragen Sie sich: Warum blutet mein Herz, nachdem ich bereits an die 20 Jahre außerhalb des Ordens lebe? Weil ich noch nicht gelernt habe, dass die Institution Kirche zwar Glauben vermitteln sollte, aber nicht mit diesem gleichzustellen ist? Ich erlebe diesen Glauben als Geschenk, das mir trotz aller Enttäuschungen geblieben ist. Er ist für mich wie eine Barke, die mich sicher durch die Gewässer des Lebens führt, weil Boot und göttlicher Seemann eins sind. »I never want to be in love with anyone but you«, das ist die Hintergrundmusik, die mich beschwingt. Es ist die Liebe Christi, die ich als Ordensfrau einmal gewählt habe. Und dieser Liebe werde ich – so wie ich bin – treu bleiben. Auch ohne Schleier.

Und weiter könnten Sie sich fragen: Weiß eine Ordensfrau überhaupt, was Liebe ist? Wenn sie es nicht wüsste, könnte sie nicht ein Leben lang ihrer Vision folgen und sich im Dienst, den sie ausfüllt, zerreiben. Auch wir kennen Hingabe und Empathie, verzichten aber auf Ehe und eigene Kinder – um des »Himmelreiches« willen, wie es heißt. Was wäre Mitmenschlichkeit ohne das ehrliche Mitgefühl mit dem Sosein des Nächsten, dem ich mich zuwende. Wie kann ich einen Schwerkranken oder Sterbenden begleiten, ohne ihm zu zeigen, dass ich wirklich da bin, dass ich mitfühle und -leide. Oft ist doch gar nicht mehr als das möglich und auch gar nicht nötig.

Da kommt mir nochmals der Vergleich der Mauern. Ich habe das Gefühl, dass unser Papst vergisst, dass er und seine Kurien-Herren selbst hinter und auf den Mauern stehen, die die Kirche während der zweitausend Jahre ihrer Entwicklung aufgebaut hat, weil sie glaubt, dass das männliche Geschlecht die Vorherrschaft vor dem weiblichen hat. Wie absurd. Es ist ein Geschenk, dass die Menschheit sich durch ihre unterschiedlichen Geschlechter ergänzen kann und nicht, dass sie übereinander herrschen. Christus wurde von einer Frau, seiner Mutter, geboren. Ganz simpel ausgedrückt kann man sich fragen: Warum ist er nicht einfach erschienen und begann zu wirken, wenn die Frau keine Bedeutung im »Reiche Gottes« haben soll? Luther hat vor 500 Jahren durch seine »erzwungenen« Denkansätze Reformen bewirkt, die längst überfällig waren. Bis heute sind uns die Protestanten in manchem Vorbild, das wir nicht negieren sollten. Bei ihnen gibt es geweihte Pfarrerinnen, ja Bischöfinnen, die beweisen, dass sie der Würde und Tatkraft der Männer im Amt in nichts nachstehen.

Denken Sie an dieser Stelle doch einmal über Ihre Rolle als Frau nach und regen Sie vielleicht auch andere dazu an, ihre je eigene Lebensgeschichte zu erzählen. Dadurch kann jede Frau beweisen, wozu sie fähig ist, in ihrem Lebensumfeld, ihrer Kultur, ihrer Gemeinschaft und auch mit ihrer religiösen Überzeugung.

Spurensuche

In der kleinen Krankenhauskapelle hallt die Musik kräftig wider, denn alle singen voll Begeisterung: »Gelobt seist Du, Herr Jesu Christ, ein König aller Ehren ... Christkönig, Alleluja!« Es ist der letzte Sonntag im Kirchenjahr. Die Kirche feiert Christkönig. Der Pfarrer meint, dass dieses Fest noch aus der Zeit stammt, als es Könige und Kaiser gab. Das scheint hier niemanden zu stören. Das Alleluja des Refrains reißt alle mit.

In seiner Predigt hebt der ältere Geistliche hervor, dass wir nicht an erster Stelle nach unserem Taufschein oder unserer Glaubenszugehörigkeit gefragt werden, sondern danach, was »ihr dem Geringsten meiner Brüder oder meiner Schwestern getan habt...«, so die Frage Christi an jeden einzelnen von uns. Deshalb steht nicht nur die Herrschaft Christi, des Gottessohnes, beim heutigen Fest im Mittelpunkt. Sondern wir, die Hörenden, werden gleichzeitig dazu aufgefordert, unsere Gesinnung und Taten dem Reich Gottes »anzupassen«. Ich lese nach und erfahre, dass dieses Fest erst 1925 eingeführt wurde. Es sollte als klares Bekenntnis gegen den Nationalsozialismus dienen. Denn Christus ist der König, der – wie es sinnbildlich heißt – als guter Hirte die Seinen auf fruchtbare Weide führt. Ein deutlicher Kontrast zur damaligen brutalen zerstörerischen Macht der Nazis. Aber genauso zu all den heutigen Mächtigen, die andere in Besitz nehmen.

Wie beruhigend erlebe ich deshalb die Auslegung des Papstes zu den Worten der besagten Schriftlesung. Er spricht von der Einladung unseres göttlichen Hirten, Christus, der sich den Seinen zuwendet. Er sucht sie; er selbst will sich um sie kümmern. Wenn sie gefallen, verwundet, entkräftet und in Not geraten sind, will er die Verlorengegangenen finden, stärken, ihre Wunden verbinden und sie von den düsteren, dunklen Orten, an die sie verstreut wurden, zurückführen. Und die fetten und starken Schafe wird er behüten, denn als unser Hirt wird er für alle sorgen. So steht es in Ezekiel 34, 11-12, 15-17 geschrieben. Welch einladende, einfühlsame Fürsorge, in der eine Nähe zum Ausdruck kommt, die mich in Erstaunen versetzt.

Doch der Papst geht noch weiter, indem er hervorhebt, dass die Gläubigen ein untrügliches Gespür dafür hätten, wer solch ein guter Hirte sei. Das lässt mich weiter aufhorchen. All das klingt so, als wolle auch der jetzige Papst »neuen Wind« in die veralteten Strukturen des Machtapparates im Vatikan wehen lassen, so, wie wir es zur Zeit des Konzils (1963 – 1965) schon einmal erfuhren. Es ist zu hoffen, dass er sich von den wortgewaltigen Reden seiner Mitstreiter weder blenden noch behindern lässt.

Soeben las ich den Bericht über die Ansprache von Kardinal Reinhard Marx am 27.10.14 in der Aula des RWTH Aachen. Die Ringvorlesungen standen unter dem Titel: »Welt, Macht, Kirche«. An diesem Abend erlebten 700 Menschen ein leidenschaftliches Plädoyer für ein Christentum, das dem Zusammenhalt und der Entwicklung der Gesellschaft weiterhin wichtige Impulse zu geben habe, so der Kardinal. Aber – echter Dialog kam nicht zustande, denn für die Wortmeldungen aus dem Publikum blieb weniger Zeit übrig als für die eloquenten Vorreden der Gastgeber, so der Kommentator. Diese wenigen Zeilen einer zaghaften Beurteilung genügen mir, um zu zeigen, was heute passiert. Denn die meisten Machthaber in der Kirche scheinen Angst davor zu haben, sich der jetzigen Realität zu stellen. Es genügt nicht, Probleme zu benennen, wenn sie nicht behoben werden. Zum Beispiel wird immer wieder das Zweiten Vatikanische Konzil erwähnt. Aber dass die Ergebnisse dieses Konzils in den vergangenen 50 Jahren weitgehend ausgebremst und nicht weiter entwickelt wurden, das wird gekonnt verschwiegen.

Es war das Anliegen des liebenswerten Papstes Johannes XXIII., das Konzil einzuberufen. Ich sehe es als verstecktes Zeichen dieses humorvollen Heiligen, das mein Geburtstag auf den seinen fällt. Er sagte von sich, dass Christus ihn ermahnt hätte: »Johannes, warum sorgst du dich. Nimm dich nicht so wichtig. Vergiss nicht, ich bin auch noch da!« Ich glaube, das passt auch zum jetzigen Papst. Und es passt zum Geist Gottes, der »trotz allem« in der Kirche und in jedem Einzelnen von uns weht.

Im Fernsehen höre ich am gleichen Tag, dass eine Terrorgruppe im Norden Kenias einen Bus überfallen und 28 Menschen gezielt getötet hat. Diejenigen, die nicht aus dem Koran lesen bzw. beten konnten, wurden ermordet. Somit starben sie als Nicht-Muslime um ihres Glaubens Willen. Das Furchtbare an dieser Tat ist nicht nur der kaltblütige Mord an wehr- und ahnungslosen Menschen, selbst Frauen und Müttern, sondern dass diese Mörder auch noch im Namen ihres Gottes zu handeln vorgeben. Eigentlich pervers. So schmal ist der Grat zwischen echter Nachfolge Gottes und einer Instrumentalisierung der Religion zu machtherrlichen Zwecken.

Es lässt mich erschaudern, denn ich kann mir gut vorstellen, wie dieser Bus auf der afrikanischen Piste plötzlich von einer Gruppe vermummter, schwer bewaffneter Terroristen angehalten wird, denen sie chancenlos ausgeliefert sind. Ohne Vorwarnung, in stechender Sonnenglut, auf einer Strecke, die vielleicht kaum befahren wird, sodass sie keine Rettung erwarten können. Und Gott hat nicht wie ein Blitz eingegriffen, ER ließ es zu. Aber, wie unser Glaube sagt, ER war bei den Hingerichteten, denn »ER ging mit« (wie der Theologe A. Delp, der selbst von den Nazis ermordet wurde, es ausdrückte), und ER will uns aufwecken, hellhörig machen für dieses furchtbare Geschehen an völlig Unschuldigen, damit wir lernen, deutlich zu unterscheiden, was Menschen- und was Gotteswerk ist.

In den gleichen Nachrichten sehe ich im BBC, dass 30 freiwillige Helfer des NHS (National Health Service) von England in Heathrow auf ihren Flug nach Sierra Leone warten. Sie sind bereit, dort mitzuhelfen. Sie wollen durch ihren freiwilligen Einsatz helfen, Ebola zu bekämpfen. Bis jetzt sind über 5.000 Menschen an dieser schrecklichen Krankheit verstorben. Das hat sie bewegt, und dem wollen sie etwas entgegensetzen. Es sind keine Missionare oder kirchlich Beauftragte. Nein, sie handeln aus reiner Mitmenschlichkeit. In welchem Kontrast steht dieser Einsatz zu dem soeben erwähnten Terror-Anschlag! Auch hier »ist Gott dabei«.

Im Kalender vom Missionsärztlichen Institut Würzburg lese ich den interessanten Ausdruck »Task Shifting«. Auf Neudeutsch soll das bedeuten, dass Aufgaben »verschoben« werden. Dabei geht es überwiegend um die Betreuung der HIV/Aids-Positiven, aber genauso werden es die Ebolakranken oder Pestinfizierten sein, für die es in den Ländern

Afrikas nicht genügend ausgebildetes Personal gibt. Das habe ich bei meinem eigenen Einsatz bis vor zehn Jahren erlebt, und so ist es auch heute noch. Vielleicht hilft dieser professionelle Titel »Task Shifting« jetzt endlich, die enorme Leistung des weniger geschulten, aber hoch motivierten Personals anzuerkennen. Das würde mich freuen. Denn nicht wenige ermöglichen so die Aufrechterhaltung eines Gesundheitssystems im ländlichen Afrika, das von den Besserausgebildeten und deshalb Besserverdienenden häufig sabotiert wird.

Ich werde nie vergessen, wie mir die jungen afrikanischen Mädchen, die höchstens die Volksschule besucht hatten, gewissenhaft, umsichtig und mit wachem Verstand in der Beobachtung und Pflege der Patienten zur Hand gingen. Sie nahmen alles dankbar an, was wir ihnen beibrachten. Es war eine Freude, mit ihnen zu arbeiten, und half uns, für alle Fähigen unter ihnen Stipendien für die Ausbildung zur Krankenschwester zu ermöglichen. Das war die Hilfe zur Selbsthilfe, wie wir sie im Buschkrankenhaus Turiani bereits vor gut 50 Jahren als »Pioniere« initiieren durften.

Aber genauso erwähnenswert ist das großartige Engagement der Ärzte, die über diese Jahrzehnte ihrem Hospital treu blieben und es bis heute besonders schulisch unterstützen. Als ich ein Video von Dr. Willem Nugteren, mit dem ich damals gemeinsam arbeitete, zugeschickt bekam, war ich sehr berührt. Er stellte seine »Burns Unit« vor, die er in den vergangenen Jahren mit Studenten aus Groningen aufgebaut hatte. Verbrennungen kommen besonders häufig bei Kleinkindern vor, weil sie zu nah an das offene Feuer in der Hütte geraten. Nur wenn diese Wunden steril behandelt werden, ist Heilung gewährleistet. Außerdem wurden auf dem Video tansanische Ärzte und die Krankenhausleiterin, eine Ordensfrau, interviewt. Einer der Ärzte war noch von mir eingestellt worden. Die jung wirkende Nonne sprach genauso pflichtbewusst von ihrer Aufgabe und war sich ihrer Berufung genauso gewiss, wie ich es damals war. Es trieb mich, ihr zu wünschen, dass sie nicht enttäuscht werden möge, sondern in ihrem Enthusiasmus gestärkt und bestätigt würde; unter Tränen bat ich Gott für sie. Auch wenn ich sie live nie erleben werde oder sie mich. Aber diese innere Unterstützung gehört zu meinem Erbe.

Bei Turiani geht es mir so ähnlich, wie es einer Mutter ihren Kindern gegenüber wohl geht. Wir sprechen nicht umsonst von »Lebenswerk«. In »normalen, weltlichen« Betrieben – anders als zu meiner Zeit im Orden – wird das Personal geehrt und gefeiert, wenn es in den Ruhestand geht. So erlebte ich die herzliche Verabschiedung eines Kollegen der Volkshochschule Rur-Eifel in Düren, der auf über 30 Jahre maßgeblicher Mitgestaltung in mehreren Fachkreisen zurückblicken kann, in Dankbarkeit und Freude für die fachliche Leistung und das menschliche Miteinander. Für die vielen Freundschaften, die entstanden, und für das tragende Interesse, mit dem er Menschen bereicherte. Dazu gehörten auch diejenigen, die als Migranten bei ihm lernten, um eingebürgert zu werden. Dass Düren es schafft, 25 Prozent seiner Bürger als Migranten im Herzen der Stadt und des Kreises ein neues Zuhause zu geben, empfinde ich als großartig. Auch das ist ihm mit zu verdanken. Ebenso wie der beispielhafte autofreie Sonntag einmal im Jahr, der viel Logistik, Dialog und Überzeugungsarbeit erforderte. Von all dem durfte ich lernen.

Beim Nachhauseweg beobachte ich eine Mutter, die sorgsam mit ihren Kindern des Weges geht. Der Jüngste balanciert auf dem erhöhten Bürgersteig und scheint stolz zu sein, auf diese Weise, an der Hand der Mutter, bereits seinen eigenen Weg gefunden zu haben. Das kleine Mädchen macht beschwingte, fast tänzerische Schritte, in denen sie ihre Lebensfreude zum Ausdruck bringt. Welche Lebensbejahung. Mein Herz schlägt schneller. Schon das, was ich beobachten darf, macht mich froh. Und so fühle ich mich heute wunderbar integriert in diese zivile Lebenswelt. Ich bin tatsächlich angekommen. Denn ich kann die Menschen außerhalb des Klosters (in der »Welt«) viel besser als früher verstehen. Mich in ihre alltäglichen Probleme und Nöte hineinzuversetzen gelingt mir besser, auch wenn jede Situation individuell anders ist. Selbst meine eigenen Unzulänglichkeiten nehme ich deutlicher wahr, aber mit weniger Angst. Viele dieser oberflächlichen Unvollkommenheiten waren in meinem früheren Leben Anlass, wöchentlich zur Beichte zu gehen (wie vorgeschrieben). Heute weiß ich, dass es zum Leben dazugehört, auch etwas falsch zu machen. Nur wenn es bewusst geschieht, dass ich anderen Schaden zufüge, sie hintergehe oder bösartige Aussagen über sie verbreite, dann muss ich erst für Wiedergutmachung sorgen. Auch das gehört zur gegenseitigen Achtung und Wertschätzung, die auf vielfache Weise ge- und zerstört werden kann.

Es ist sicher kein Zufall, dass der 25. November zum Internationalen Gedenktag »NEIN zu Gewalt an Frauen« erklärt wurde. Müssen wir Frauen immer wieder auf das Thema hingewiesen werden? An diesem Abend wurde ein ausgezeichneter Vortrag über »Häusliche Gewalt im Leben älterer Frauen ...« im Bürgerbüro der Stadt Düren gehalten. Für mich war es erschütternd zu erleben, wie scheinbar machtlos Frauen sich der Gewalt, die ihnen zugefügt wird, beugen. So, als sei es selbstverständlich, dass sie gedemütigt werden können. Dabei sind wir die tragende Schicht in der Gesellschaft, die sich in der Familie, der Erziehung, im Haushalt, in der Pflege und bei vielem mehr um das Gemeinwohl bemüht.

Als Gewalt wurde bezeichnet, wenn es um eine Lage geht, die als ausweglos gesehen und erlebt wird. So geschieht es zum Beispiel, wenn eine Frau in der Partnerschaft geschlagen und oft auch vergewaltigt wird. Wenn die so Gedemütigte sich nie wehren konnte und das schamvolle Geschehen verdrängte, kann das später erneut aufbrechen. Besonders im Alter, wenn durch Pflege bedingt eine ähnlich hilflose Situation wachgerufen wird. Das gilt für beide Seiten, denn auch die Pflegenden können durch gewalttätige Erlebnisse Opfer gewesen sein.

Was mich dabei auf unser Schicksal hinwies, war weniger das Korsett der Gesetze, als die beschriebene Ausweglosigkeit. Ist es nicht genau das, was Frauen im Kloster daran hindert aufzubegehren? Wie groß muss der Leidensdruck werden, um ihnen die Kraft dazu zu geben? Denn sie stehen beim Austritt nicht nur finanziell vor dem Nichts, sondern sie stellen auch das hehre Bild der für Vollkommenheit stehenden Frau im Orden infrage und setzen sich gleichzeitig der Ächtung durch ihre ehemalige Familie im Orden, den jeweiligen Mitschwestern, aus. Dieses doppelte Stigma zu ertragen wird zu einer Hürde, die über die Kraft einer Einzelnen hinausgehen kann. Sicher ähnlich einer Scheidung, doch darf nicht vergessen werden, dass es hier um ein mythisch geprägtes Bild der

Spurensuche

Heiligkeit oder Vollkommenheit geht, das das Aufbegehren einer Einzelnen wie Selbstmord erscheinen lässt.

Netzwerke zu bilden, um uns Ex-Nonnen gegenseitig zu unterstützen, das ist eine Möglichkeit, zu der immer wieder geraten wird – ganz im Sinne des heutigen Trends. Die Netzwerke, die uns helfen können, müssen regional gesteuert werden, oder – wie bereits einmal begonnen – im Internet verankert und dadurch erreichbar für alle sein, die auf diesem Weg Beratung und Hilfestellungen erhalten möchten. Um eine von uns dafür zu gewinnen, sich derart ehrenamtlich einzusetzen, muss ihre finanzielle Grundlage gesichert sein. Sie sollte ausreichend physische und psychische Kraft besitzen, neben ihrer Fähigkeit zur Beratung und der eigenen Trauma Bewältigung. Dabei täten die Orden gut daran, sich intensiver mit diesem Thema auseinanderzusetzen, denn die Zahlen ihrer Mitglieder schrumpfen drastisch. Es scheint jedoch so zu sein, dass die meisten Orden keine ausreichende und effektive Vorsorge geplant haben.

Zurzeit beschäftigt mich der Austritt einer knapp Vierzigjährigen, die vier unterschiedliche Berufe ausüben kann, aber gerade wegen ihrer Fähigkeiten – so meine persönliche Meinung – nicht mehr erwünscht war. Dadurch, dass sie wesentlich jünger als ihre Mitschwestern in der Gemeinschaft war, hätte sie der Hoffnungsträger sein können. Bis die neue Oberin kam und einen Riegel davorschob. Bereits vor zehn Jahren stand über sie in der Zeitung zu lesen: »Die 33-Jährige arbeitet in der Fußpflege, stellt Liköre für den Klosterladen her und will einen Abschluss als Heilpraktikerin machen. Doch auch der Rettungsdienst reizt sie. Sie ging für ein Jahr nach Regensburg zur Malteser Berufsfachschule für Assistenten im Rettungsdienst und absolvierte ein weiteres Jahr bei den Passauer Maltesern. Danach legte sie die Prüfung zur Rettungsassistentin ab.« Es gibt nur zwei Ordensfrauen in ganz Deutschland, die solche Einsätze fahren, heißt es weiter. Dabei stellte der Bezirksgeschäftsführer der Passauer Malteser fest: »Sie ist die Idealbesetzung für uns als kath. Hilfsorganisation ... zum einen wegen ihrer fachlichen Qualifikation. Aber ebenso wichtig sind ihre menschlichen Qualitäten und ihre religiöse Überzeugung.«

Jetzt, nach ihrem Austritt, arbeitet sie als Heilpraktikerin und erstellt Kräuterprodukte. Wichtig ist ihr nach wie vor das »Leben mit Leib und Seele«, also die ganzheitliche Gesundung ihrer Klienten. Sie selbst bleibt fest verankert im Glauben. Noch vor zwei Jahren, am 6.2.2012, sprach sie am »Tag des Geweihten Lebens« vor begeistertem Publikum in der Diözese Regensburg über ihre Berufung.

Ein anderes Beispiel: Gestern erhielt ich den Brief einer mir noch Unbekannten, die vor gut einem Jahr ausgetreten ist. Sie hatte bereits als 21Jährige versucht, Ordensfrau zu werden. Damals dauerte es nur ein Jahr. Als 40-Jährige glaubte sie, dass sich im Klosterleben einiges zum Positiven verändert habe, und versuchte es wieder. Dieses Mal waren es ungefähr fünf Jahre, die sie sich zur Prüfung ihrer Berufung Zeit ließ. Aber nach und nach merkte sie, wie sie es ausdrückt, dass der Gehorsam nicht als gemeinsames Hinhören auf das Wort Gottes verstanden wurde, sondern im Sinne des blinden Gehorsams gegenüber der Ordensleitung verstanden werden sollte. Diese Worte kenne ich nur zu gut. Sie meinte, dass sie durch mein Buch »Fürchte Dich nicht« auf mich als »Leidensgenossin« aufmerksam geworden sei. Auch sie stellt fest, wie schwierig es ist, auf sein Inneres zu hören. Im Kloster werden die Schwerpunkte verlagert und das eigene Ich verpönt. Jedoch ist ihre wesentliche Frage, ob es denn nirgendwo eine Gemeinschaft gäbe, in der jede Einzelne ihren individuellen Wert als Kind Gottes hat und in der gleichzeitig alle gemeinsam den Weg zu Gott gehen können. Ein schwerwiegende Frage, die eventuell die Zukunft des Ordenslebens bestimmen könnte. Gibt es sie, diese gottgewollte Gemeinschaft? In der alle und auch jede Einzelne vor und in Gott ihren Wert behalten darf, ohne in eine funktionelle Schablone gesteckt zu werden? Oder bleibt das Utopie? Ist diese Gemeinschaft nur im Jenseits, im Paradies, möglich?

Aber auch Frauen, die nicht im Kloster waren, haben ihre Probleme. So treffen wir ehemalige aktive Hospizlerinnen uns als Gruppe regelmäßig zum Austausch. Das lebhafte Gespräch der vier Seniorinnen im Landhaus Stil Cafè in der Eifel ist nicht zu überhören. Ich hatte die Rede des Papstes vor dem Europäischen Parlament ins Gespräch gebracht. Mich begeisterte, dass er die Würde des Menschen in den Vordergrund stellte und eine neue Kultur der Menschenrechte forderte. Das war ganz »in meinem Sinne«, ich empfand seine Worte als genial. Er sprach gewissermaßen (»beyond« im Englischen) nicht als Papst und Leiter einer Religionsgemeinschaft, sondern als »guter Hirte«, der seine Mitmenschen dazu bewegen möchte, die heiligen Werte der Menschheit hochzuhalten. Aber meine Worte verhallten fast schneller, als sie ausgesprochen waren.

»Was für eine Würde ist denn das bitte, wenn der Mensch noch nicht einmal ohne Schmerzen sterben kann, und zwar so, wie er persönlich es für sich als richtig empfindet,« prustete es spontan aus der Ältesten von uns. Sie hatte Menschen in der letzten Lebensphase begleitet und wusste, wovon sie sprach. Aber für sie war es wichtig, dass z. B. ihre Mutter sich nicht nur ausdrücklich gewünscht hatte, keine lebensverlängernden Maßnahmen zu bekommen, sondern es ihr als Tochter dadurch auch möglich war, die Mutter in den letzten Tagen selbst zu Hause zu versorgen. »Und was ist mit mir?«, fragte sie und schaute beschwörend in die Runde. »Welcher Arzt verschreibt mir die notwendigen Tabletten und macht sich nicht der Mithilfe zur Selbsttötung schuldig?« Wir waren verdutzt, denn wir hatten nicht mit dieser Vehemenz gerechnet.

Außerdem waren wir auch vom Hospizgedanken her gar nicht auf das Thema vorbereitet. Die palliative Therapie verbessert sich zwar ständig, dass sie aber alle Schmerzen nehmen kann, ist ebenso utopisch, wie die Tatsache beruhigend ist, dass die Anwesenheit eines mitfühlenden Menschen eine enorme Hilfe für den Sterbenden und ebenso für die Angehörigen sein kann. Wir wollten uns am Ende unserer Diskussion weiter über die laufenden Debatten und Gesetzmäßigkeiten informieren. Jede von uns hat die notwendigen äußeren Vorbereitungen schriftlich getroffen wie z. B. eine Patientenverfügung. Aber die innere Vorbereitung auf das endgültige Abschiednehmen ist ganz sicher ein fortdauernder Lebensprozess, bei dem wir uns gegenseitig unterstützen können.

Das Pinguin-Vorbild

Wir schlendern gerade über den Markt, als ich meine Freundin Anne erstaunt anschaue. »Ja, das war ein Pinguin«, meint sie lachend. »Die kennst du doch noch aus deiner Klosterzeit, oder willst du das verneinen?« – »Oh nein, warum sollte ich,« erwidere ich leicht entrüstet.

Ein damaliger Spottruf hatte sich mir eingeprägt, obgleich ich ihn eher amüsant fand. Deshalb reagierte ich auch schlagfertig, als eine Gruppe junger Burschen in Eindhoven, Holland, unserem Auto voller Schwestern lauthals nachrief: »Pinguins, Pinguins!« Ich saß am Steuer und lachte: »Ja, schaut nur, wir gleichen ihnen tatsächlich und sind auch noch echt!« Ungläubige Mienen; aber das Schwarz-Weiß der Tracht machte diesen Vergleich möglich, und uns tat er nicht weh. Er diente eher dazu, Aufmerksamkeit zu erregen.

Sind die Pinguine nicht besondere Tiere und lustig anzuschauen, wenn sie auf ihren kurzen Beinen hin- und herwatscheln? Außerdem sind sie sehr auf Gemeinschaft eingestellt, denn ein Einzelner kann unmöglich in der Kälte der Antarktis überleben. Ihr Zusammenhalt hält sie am Leben, auch weil sie sich gegenseitig warm halten. Ein weiterer Hinweis auf Ordensfrauen, denn die Grundform einer klösterlichen Gemeinschaft ist immer als Dreiergruppe gedacht. Zwar nicht zum Erwärmen, sondern als Kontrollfunktion oder zur Vermeidung von »Partikular-Freundschaften«, wie das im klösterlichen Jargon heißt.

In diesem Moment fällt mir der Film »Happy Feet« ein, der vor einigen Jahren in die deutschen Kinos kam. Er berührte mich sehr, nicht zuletzt, weil ich weitere Parallelen zum eigenen Ordensleben ziehen konnte. Im Film ging es um den kleinen Pinguin Mumble, der als Einziger nicht singen konnte. Das machte ihn zum Außenseiter, denn es war wichtig und nötig für Pinguine, ihr Herzenslied zu finden und dann zu singen. Das gehörte zu ihrer Identität. Dass Mumble jedoch eine andere Eigenschaft hatte, die ihn auszeichnete, wurde ignoriert, weil sie unüblich war. Um als Mitglied der Pinguin-Gemeinschaft anerkannt zu werden, zwang er sich, seine einzigartige Fähigkeit zum Tanzen, genauer zum Stepptanzen, zu unterdrücken. Dennoch wurde er nicht wirklich von allen angenommen. Um sich zu beweisen, verließ er seine Heimat. Denn ein weiterer Grund für seinen Aufbruch lag darin, dass die Pinguine nicht mehr ausreichend Nahrung zum Überleben fanden. Mumble wollte die Ursache für dieses Problem finden. Es genügte ihm nicht, dass er aufgefordert wurde, der Tradition zu folgen und auf den »Großen Geist« zu warten, der bisher immer für sie gesorgt hatte. Denn Mumble war bei einem seiner Ausflüge auf Wracks gestoßen und hatte auch von »Aliens« gehört, die anscheinend der Grund für ihre Hungersnot waren. Er machte es sich zur Aufgabe, all das zu klären.

Ich werde hier nicht den ganzen Film erzählen (denn es lohnt sich für jede Altersstufe, »Happy Feet« anzuschauen), sondern möchte nur das Wesentliche hervorheben. Genau diese seine besondere Begabung der »fröhlichen tanzenden Füße« verhalf der Pinguin-Kolonie schließlich zu der notwendigen Aufmerksamkeit, durch die ihr Lebensunterhalt wieder gesichert werden konnte. Und Tradition hin oder her, sogar der griesgrämige alte Oberpinguin tanzte schließlich mit und konnte nicht verhindern, dass ihm die rhythmische Bewegung sogar gefiel.

Ein Einzelner war ausgezogen und hatte riskiert, dass er Familie und Freunde verlor, um der Gemeinschaft zu helfen. Es war Mumble gelungen. Aber den meisten von uns ist dieser Erfolg nicht gegönnt, weil kurzsichtige, regelbetonte Oberbosse dem prophetischen Mut und beherzten guten Willen der Wenigen einen Riegel vorschieben. Das war tatsächlich schon immer so. Aber ebenso fanden immer wieder neue Propheten die Kraft, es dennoch neu zu versuchen. Dazu zähle ich auch mich.

Ein anderes Mal nahm meine Freundin mich zum Festtagseinkauf in den Spielzeugladen mit, um ihren Nichten und Neffen etwas Passendes aus deren Wunschliste zu kaufen. Da staunte ich nicht schlecht über die Riesenstofftiere. Die 10-jährige Eileen hatte sich einen Bären gewünscht, der fast so groß war wie sie selbst. Der ältere Bruder schaute sich bei den etwas kleineren Tieren um, horchte aber genau auf sein Inneres, um die richtige Wahl zu treffen. Der Kauf blieb der Oma überlassen. Ich wollte helfen, war aber die Lernende. Da es nicht auffiel, entschloss ich mich, auch eines der Tiere für mich mitzunehmen. Meine Wahl fiel auf den Pinguin. Einen Königspinguin.

Nun trohnt dieser auf meiner Bettcouch und hat den ganzen Raum im Blick. Ihn stört es nicht, dass über ihm an der Wand die orangefarbene Sonne hinter einer typisch afrikanischen Akazien-Savannenlandschaft untergeht. Der Pinguin sorgt dafür, dass ich meine Mitte finde und in mir ruhen kann. Als ich ihn das erste Mal in meine Arme schloss, brach ich in Tränen aus. Schämte ich mich? Musste ich wieder lernen, wie es sich anfühlt, einen »Mit-Menschen« oder mein »Inneres Kind« anzunehmen, an mein Herz zu drücken, lieb zu gewinnen? Mit meinem ganzen Wesen?

Es tat und es tut gut. Auch dazu ist ein Pinguin von Segen. Dann stimmt genauso im übertragenen Sinne die Feststellung des Hohen Liedes: »Schön bist du!« (HLD 4,1) Denn alles ist schön, das uns hilft, authentisch zu werden und dann aus dieser inneren Kraft heraus zu leben.

Durch ihn erinnere ich mich daran, dass ich schon einmal von den Pinguinen gelernt habe. Beim Warten auf meinen Zug in Stuttgart fiel mir in der dortigen Bahnhofsbücherei ein Buch auf, das mich sofort anzog. Am Abend zuvor war ich Teil der sehr angeregten Talkshow »Nachtcafé« von Wieland Backes gewesen. Doch hatte mich das Thema auch aufgewühlt, denn es ging – wie so häufig – um die Sichtweise verschiedener Geladener zu ihrer Kirche, beginnend mit eher Fortschrittlichen und dem Leben zugewandten Persönlichkeiten, gefolgt von solchen, die eine Haltung vertraten, die heute kaum noch zu verstehen ist. Zum Beispiel, wenn die Lebensaufgabe der Partnerin als Vielgebärende in den Vordergrund gestellt wird.

Das hatte ich noch nicht »verdaut«. Deshalb suchte ich jetzt Ablenkung und wurde von einem Buchtitel angezogen, der eher anspruchsvoll war. Er hieß: »Das Pinguin-Prinzip.« Der Untertitel erklärt den Inhalt: »Wie Veränderung zum Erfolg wird.« Auch wenn es hier um Unternehmensmanagement geht, wird das Thema auf so lebendige und plausible Art beschrieben, dass es eine Freude ist, diese Fabel zu lesen.

In der Lektüre wird eine Pinguin-Kolonie beschrieben, die auf einem schmelzenden Eisberg lebt. Um zu überleben, müssen die Pinguine einen neuen sicheren Ort für sich finden. Sie müssen aus dem Althergebrachten ausbrechen und etwas Neues, Unbekanntes wagen. In diesem Ratgeber von John Kotter und Holger Rathgeber werden acht Schritte beschrieben, die einen Prozess der Verwandlung oder Umwandlung möglich machen. Die Einsicht der Einzelnen genügt nicht. Die gesamte Gruppe muss davon überzeugt werden, dass etwas ganz Neues und noch nicht Erprobtes von ihnen erwartet wird. Ebenso, dass dieses Neue gewissermaßen vor ihnen liegt, und nur dann, wenn sie sich darauf einlassen können, sichern sie ihr Weiterleben. Dieser Prozess der Verwandlung wird so anschaulich geschildert, dass jeder Parallelen zu seinem eigenen Leben finden kann.

Denn wir alle werden im Alltag in diesen fast unmerklichen Umwandlungsprozess des »Stirb und Werde« hineingenommen. Sei es durch bedrohliche Krankheiten, Job-Verlust, Trennung vom Partner und vieles mehr. Persönlich daran zu wachsen ist möglich. Genau das wurde mir bei dieser Lektüre klar vor Augen geführt. Aber meine Gedanken gingen natürlich auch zurück.

Beim ununterbrochenen Lesen auf der Fahrt spüre ich meine wachsende innere Spannung. Gott Dank hilft mir die anschauliche Bebilderung des Buches nicht nur, mich abzulenken, sondern ebenso dabei, mir die Methodik leichter einzuprägen. Warum also die Abwehr und der aufkommende Schmerz? Im Geiste sehe ich mich zurück in meinem früheren Orden als Teilnehmerin beim Generalkapitel in Rom. Es war für mich das letzte, das ich 1985 als Provinzoberin miterlebte und bei dem ich meine Mitschwestern in Simbabwe vertrat. Ich schilderte die Lage im Land und im Orden – drei Jahre nach dem Guerilla-Unabhängigkeitskrieg – und die noch nicht überwundene Apartheidmentalität in sehr deutlicher Sprache. Zu deutlich für die meisten Ohren, sodass es nicht zu einem Dialog führte, sondern dazu, dass ich – das Sprachrohr der anderen – als »Ursache« der Missstände gekonnt ausgegrenzt und gemieden wurde. Die frühere Generaloberin ergriff sofort das Wort zu einer Verteidigung der damaligen Lage und redete die Situation schön. Wie (fast) immer, galt ihr Wort mehr und wurde nicht weiter hinterfragt. Während alle meine Vorschläge sofort abgewiegelt wurden.

Hätte ich damals das Pinguin-Prinzip gekannt, wäre ich vielleicht taktischer vorgegangen. Aber wie viele Versuche waren bereits gescheitert. Mir zieht sich jetzt noch die Brust zusammen, wenn ich daran denke, dass das Schwarz-Weiß-Gefälle in der Provinz reell war und in abgewandelter Form geblieben ist, obgleich die Zukunft des Ordens und der sogenannten Mission nicht in unseren »weißen« Mitgliedern lag, sondern in den damals erheblich jüngeren afrikanischen Mitschwestern. Sollte ich einigen von ihnen das nötige Selbstvertrauen vermittelt haben, dass sie es mittlerweile in die eigene Hand nehmen, ihrer inneren Stimme mehr zu folgen als den Ge- und Verboten ihrer Vorgesetzten, dann bin ich dafür sehr dankbar. Sie müssen heute das Schmelzen ihres eigenen Eisberges erleben und sich dem Wandlungsprozess stellen, um ihn zu bewältigen. Gebe Gott, dass sie ihr Pinguin-Prinzip finden.

Als ich später Oliver, einem Bekannten, von meinem Pinguin-Erlebnis erzähle, lächelt er vielsagend und drückt mir beim Abschied ein Kuvert in die Hand. »Zu Hause aufmachen!«, meint er, und ich gehorche, denn »das hatte ich ja zur Genüge gelernt«? Nein, im Ernst, deswegen, weil ich es gut fand, mich später daheim überraschen zu lassen. Ich wusste, dass er es auch so gemeint hatte. Oliver hatte mir bei meinem Besuch von der schamanischen Weisheit über die Pinguine erzählt. Dabei wird auf die Achtsamkeit im Miteinander hingewiesen. Auf Respekt und Wertschätzung im sozialen Umfeld als auch im Familienverband. Auf das ausgewogene Handeln in Gemeinschaft, aber ebenso auf den Rückzug zu sich selbst. Erstaunt blicke ich ihn an. Das klingt direkt nach klösterlichen Regeln, dabei geht es hier um den alltäglichen Umgang miteinander. Wie vielversprechend. Das tut gut.

Beim Hinausgehen höre ich noch sein helles, fröhliches Lachen und trage es mit mir. »You never walk alone« steht auf der Karte, die er mir geschenkt hat, auf der zwei Pinguine abgebildet sind. Ihre Flügel scheinen sich zu berühren, doch ist es weder ein Festhalten noch ein Alleinlassen. Es ist Pinguin-Liebe, eben etwas Besonderes.

Beim Einkauf im Supermarkt ganz in meiner Nähe treffe ich heute eine ehemalige Gewerkschaftskollegin. Wir haben uns so lange nicht mehr gesehen, dass wir freudig überrascht sind und sofort zu erzählen beginnen. Es ist eine »Kollegin«, denn wir waren gemeinsam im damaligen Kreisfrauenausschuss und verstanden uns blendend. Sie ist weiter in der freien Wirtschaft tätig, hat aber mittlerweile ein kleines Team, das unter ihr arbeitet. Strahlend berichtet sie, dass sich das Arbeitsklima deutlich verbessert hat, seit sie den Einzelnen gegenüber ihre Wertschätzung zeigen kann. Dadurch werden alle angespornt, ihre Aufgaben noch gewissenhafter zu erledigen. Andere, so stellt sie fest, geben jedoch offen zu, dass ihnen die Eigeninitiative fehlt. Diese müssen angetrieben werden. »Und je besser wir werden, umso zufriedener sind auch unsere Kunden«, sagt sie mit sichtlicher Freude. Da war es wieder, das Pinguin-

Prinzip. Zwar in individueller Form angewandt, wie Kathi es für sinnvoll hielt, aber es führte zum Ziel: alle zogen an einem Strang, alle waren zufrieden, und dem Betrieb ging es bestens. Das macht mich zuversichtlich. Der Erfolg als Ergebnis liegt auf der Hand.

An einem Abend dieses Monats gehe ich ins Advents-Konzert. Alle Bänke in der St. Marien-Kirche sind besetzt und so manche Ecke und Treppenstufe ebenso, denn gut 100 Jugendliche aus den verschiedenen Grundschulen der Umgebung und von der Musikschule Düren zeigen ihr Können. Es wird eine festlich-fröhliche Vorführung, der erleuchtete Christbaum, der bis zur hohen Decke reicht, strahlt im Lichterglanz und spiegelt sich in den vergoldet wirkenden Trompeten, den Flöten und dem Schlagzeug. Die Musik wechselt zwischen besinnlich lockerem Rhythmus und mitreißenden Tönen. Zwischendurch habe ich Zeit, meine Beobachtungen zu machen. Die Jugendlichen tragen eine Art Uniform und zeigen durch die gleichen Farben – das helle Blau fällt mir besonders stark auf – ihre jeweilige Dazugehörigkeit. Unwillkürlich werde ich in die eigene Jugend und Schulzeit zurückversetzt. Also in eine Zeit vor 70 Jahren, als ich sechs war und wir als Flüchtlinge im Erzgebirge lebten und die weitere Flucht noch bevorstand. Doch nicht in die Heimat, sondern dorthin, wo es uns hinverschlug, gemäß der damaligen Eingliederungsmöglichkeiten. Für uns war das Lüneburg, wie ich anfänglich beschrieben habe.

Diese Erinnerung an die Nachkriegszeit ist eine vollkommen andere als das, was Jugendliche heute erleben und was ihnen geboten werden kann. Was ich bei den Musizierenden und den anwesenden Geschwistern beobachten kann, ist ein ausgesprochen starkes Selbstwertgefühl. Nicht unbedingt weil sie sich sicher sind, sondern eher, weil ein Fehler in der großen Masse kaum auffällt und weil er nicht mehr als tragisch eingestuft wird.

»Das kann immer mal passieren.« – ein Satz, der uns früher eigentlich auch klar war, aber wir wurden zum einen für einen Fehler bestraft und nahmen ihn uns auch selbst sehr übel. Die Instrumente sind teuer; der Musikunterricht fördert Talente und auch solche, die es werden wollen, ob mit oder ohne besonderer Begabung. Die Eltern heute können es sich leisten, also gehört es zum guten gesellschaftlichen Ton und gewissermaßen zum Standard, wie Ballett und unterschiedliche Sportarten (lasse ich mir sagen).

Ähnliches bezieht sich auf die elektronischen Medien und ihre Möglichkeiten. Dass heute jedes Kind mit einem Tablet oder Laptop aufwächst, ist zur Selbstverständlichkeit geworden. Das Gleiche betrifft Handys. »Meine Kinder gehen nie ohne ihr Handy auf die Toilette«, sagte mir kürzlich eine Bekannte und ließ mich schmunzeln. Ich selbst saß als Kind in der Heide, noch auf einem Plumpsklo in der Nähe des Schweinestalls, und konnte von Glück reden, wenn die Mäuse nicht hinter mir vorbeihuschten. Wir hatten noch nicht einmal ein eigenes Telefon. Heute ist durch die weltweite Vernetzung der Zugang zu Allgemeinwissen auf einem hohen Standard. Doch verleitet das auch gleichzeitig dazu, auf die herabzuschauen, die dem nicht standhalten können, ganz gleich, ob es am nötigen Geld fehlt oder aber an der Fähigkeit des Gedächtnisses, den Ablauf der einzelnen Funktionen und Befehle so zu speichern, dass sie jederzeit abrufbar sind. Klingt fast synonym zur Computersprache. Das geht mit zunehmendem Alter verloren. Doch können wir dafür mit unserer individuellen Herzensbildung punkten und zeigen, dass es auf mehr als »das Äußere«, das abrufbare Wissen, ankommt.

Diese vergangenen 70 Jahre, die ich jetzt wieder in mein Gedächtnis rufe, sind nicht nur vom beispielhaften Wiederaufbau eines 1945 in Trümmern liegenden Deutschlands gekennzeichnet, sondern von einem anhaltenden Frieden, wie er zur Zeit in vielen Teilen der Welt abhandengekommen ist. Das, was wir heute an blutenden Wunden, hungernden Menschen und vom Schicksal geschlagenen Zeitgenossen auf dem Bildschirm erleben, gehörte einmal auch zu meinem und unserem Alltag. Wie ist es möglich, dass wir das so gründlich vergessen können? Ist es die Überflutung durch heutige Bilder, die uns das Gewesene ausblenden lassen?

Ich frage mich manchmal im Vorbeirauschen des Stadtbildes, wohin das führen soll. Jeder Autobus ist geprägt von unterschiedlichen Reklameaufschriften. Der eigentliche Zweck dieses Fahrzeugs ist mir da oft nicht mehr ersichtlich. Oder die vielen Pflegedienste, die sich bereits auf der Karosserie anpreisen. Und was zeigt die Wirklichkeit? Das kann auch symbolhaft gesehen werden. Denn nichts kann wörtlich genommen werden, das ist mir bereits lange klar geworden. Das gilt nicht nur für die Reden der Politiker, sondern auch für so manches Wort der Kirche. Aber ich bin ja noch beim Vergleich von dem, was uns früher Jugend bedeutet hat und wie sie heute erlebt wird.

Ich bin mir sicher, dass wir in einer großen Umbruchzeit leben. Meine Mutter war sehr darum bemüht, es noch in das zweite Jahrtausend »zu schaffen«, sie wollte persönlich erleben, wie sich das »anfühlt«, nicht nur in ein neues Jahrhundert, sondern in ein neues Jahrtausend zu kommen. Wir kauften uns die verzierten Sektgläser und stießen darauf an. Als Andenken habe ich sie mir bewahrt und als Zeichen dafür, dass es immer wieder einen Neuanfang geben kann, auch wenn ich diesen jetzt ohne sie weitergehe.

Dass ich, die ich fast mein halbes Leben in Afrika verbrachte, einmal hier in meiner Ursprungsheimat afrikanischen Flüchtlingen begegnen würde, ja mit ihnen zusammenleben würde, hätte ich mir damals nie vorstellen können. Heute zeigt mir diese Tatsache, dass wir überall dort zuhause sein können, wo wir aufgenommen werden. Es macht mich dankbar für die Erfahrungen meiner Missionsvergangenheit, durch die ich die Reichhaltigkeit anderer Kulturen schätzen lernte. Es bestätigt mich in dem Bewusstsein, dass wir alle zusammengehören. Diese kulturelle Vielfalt, die Andersartigkeit, die fremd und gleichzeitig bereichernd sein kann, lenkt meine Gedanken an den Ursprung unseres christlichen Abendlandes. Sie ist die Wiege der Demokratie, sie bestätigt die unantastbare Würde jeden Einzelnen, und sie steht für uns Christen parallel zur Menschwerdung Christi vor 2000 Jahren.

Während mich diese Gedanken bewegen, sitze ich in der kleinen Krankenhauskapelle vor der Krippe. Es berührt mich eigenartig, dass ich dieses Fest, an dem unser Gott symbolhaft das Schwache und Kleine verkörpert, bereits über 70 Male und Jahre gefeiert habe. Dennoch ist es nötig, den tieferen Sinn immer wieder neu zu erfassen.

Und weiter steigen vor meinen inneren Augen frühere Erlebnisse auf, die mich mit dieser Kapelle und dem Krankenhaus, an dem die Salzkottener Franziskanerinnen damals wirkten, in Verbindung bringen.

Zunächst fällt mir mein erster Krankenhausaufenthalt ein, als ich 1973 aus unserem Buschkrankenhaus kommend wegen Schwerhörigkeit von einem Spezialisten operiert werden musste. Das war hier möglich. Da ich als Missionarin in keiner Krankenkasse war, nahm die Oberin mich »unentgeldlich« auf, und der Professor verzichtete auf sein übliches Honorar. Soweit ich mich erinnere, wurde das damals so gehandhabt. Gott Dank, denn erst durch die neuartige plastische Chirurgie konnte ich wieder hören. Damals wurde nur örtlich betäubt. Das löste bei mir einen ziemlichen Schock während der zweistündigen Operation aus. Das Resultat war es jedoch wert. Ich war glücklich, danach erst ein von »Misereor« gesponsertes Studium in London für »Hospital Management« aufnehmen zu können und dann wieder fit für den Einsatz in unserem eigenen Hospital in Tansania zu sein. Das zweite Ohr wurde erst gut zehn Jahre später operiert, aber mittlerweile unter Vollnarkose, kein Vergleich zu der ersten Operation.

Hier in diese Kapelle kann ich mich immer zurückziehen, ähnlich wie ich es damals im Kloster getan hatte. Für mich ist das Tabernakel bis heute ein geheimnisvoller Ort, und die Atmosphäre einer Kirche oder Kapelle hat etwas Ehrfurcht gebietendes. Vielleicht zu vergleichen mit der Bundeslade im Alten Testament? Im Neuen Testament ist es die Hostie, die symbolhaft für den »Leib Christi« und seine Gegenwart steht. Dieses Mysterium hält mich weiter gefangen, auch wenn ich dieses Geheimnis früher wörtlich nahm und das heute abgelegt habe.

Was mich außerdem dankbar berührt, ist das Geschenk, dass ich im Geiste, also in meinen Gedanken, verschiedene Kapellen besuchen kann, die mir in meinem Leben etwas

Besonderes bedeutet haben und die mir deshalb lebhafter in Erinnerung geblieben sind. Wie zum Beispiel der afrikanische Rundbau der Schwesternkapelle auf ca. 2.000 Metern Höhe des ostafrikanischen Kilimandscharo. Dort haben Franziskanerinnen aus der Schweiz mit viel Fleiß und Weitblick eine einheimische Zweigstelle mit angeschlossenem Exerzitien-Zentrum aufgebaut. Die mehrheitlich afrikanischen Schwestern feiern dort eine lebendige Liturgie, mit eigens komponierten rhythmischen Liedern. Es war für mich eine Freude, dort, mit Blick auf den schneebedeckten höchsten Berg Afrikas, zu meditieren. Dort oben, wo die Mythen der Afrikaner den Sitz Gottes vermuten, verschwindet das Unbedeutende und allzu Menschliche des Lebensalltags; die Nähe Gottes in der Natur ist zu erahnen. Die dort erlebte vertiefte Spiritualität in den geistlichen Übungen war meinem afrikanischen Alltag angepasst und machte mir den »Gott mit uns« neu erlebbar.

Es folgten noch viele Begegnungen in dieser Krankenhaus-Kapelle, wie 1982 zur Zeit des Todes meines Vaters, als ich zur Unterstützung meiner Mutter aus Tanzania nachhause kommen durfte. Und schließlich während der letzten Krankheitsphase meiner Mutter bis zu ihrem Tod 2001. Aber auch bei eigener Krankheit wie nach dem beschriebenen Unfall.

Nach meinem Austritt bereitete mir der Besuch dieser Kapelle Unbehagen, aus Furcht vor Verurteilung. Aber allmählich gewöhnte ich mich auch an den Anblick von Ordensschwestern, ohne mich dadurch aus der Fassung bringen zu lassen.

Heute mache ich mir die Worte unseres Papstes zu eigen, die er vor der Synode in Rom im Oktober 2014 ausgesprochen hat: «Gott hat keine Angst vor Neuem!« Ich nehme sie für mich, und zwar wortwörtlich, in dem Wissen, dass ER auch diesen für mich neuen Weg in neuer Lebensform mit mir geht. Wenn die Sehnsucht nach dem Früheren bleibt – und das erlebe ich bei anderen Ausgetretenen ebenso – so betrifft das wohl eher eine utopische Sicht des Ordenslebens. Denn immer wieder stoße ich auf Tatsachen, die darauf hinweisen, dass die Gelübde im Grunde darauf hinzielen, die Identität der Einzelnen mit der der Gruppe zu verschmelzen, und zwar auf solch drastische Art, dass das Individuum dabei zu kurz kommt. So habe ich es erlebt, und nur dafür spreche ich hier, auch wenn ich weiß, dass ich kein Einzelfall bin.

Der Prolog des Johannes-Evangeliums beginnt mit »Im Anfang war das Wort ... und Gott ist das Wort«, um dann fortzufahren: »Und das Wort ist Fleisch geworden!« Für uns Menschen ist das Wort, das wir aussprechen, in der Regel unseren Gedanken entsprungen. Es sei denn, wir haben einen Spontaneinfall, den wir sofort (mehr oder weniger unüberlegt) von uns geben. Oder etwas bewegt uns emotional, und wir lassen »unser Herz« sprechen. In diesem Sinne ist das Wort dann auch Ausdruck einer gewissen Schöpfung. Dieser Gedanke erfreut und belebt mich, denn er kommt dem göttlichen Schöpfungsakt näher. Und er entspricht dem, was wir darunter verstehen, wenn wir von einem guten Menschen sprechen, der in dieser Eigenschaft auch gute Taten vollbringt. Es ist wie ein Wortspiel, das ich hier inszeniere. Aber es hilft mir, der darunter verborgenen – oft kompliziert wirkenden – Wahrheit auf die Spur zu kommen. Wenn ein Mensch mir sein Wort gibt, dann heißt das so viel, dass er sich für etwas verbürgt und ich ihm trauen kann.

So gibt Gott mir Sein Wort, Er verbürgt sich für mich ... und von dieser inneren Gewissheit lasse ich mich tragen. In ihr kann ich leben und in jeden neuen Tag hineingehen.

Als ich an diesem folgenden Jahreswechsel mit einer Freundin in ein höher gelegenes Dorf fahre, machen wir eine Kaffeepause. Das Lokal scheint bis auf den letzten Platz besetzt zu sein, doch finden wir in der hinteren Ecke noch einen langen Tisch, mit wechselnden Gästen. So treffe ich auf die kleine Sara, die vom Schoß ihres Vaters aus die Welt zufrieden mustert. Als sie mich wahrnimmt und sieht, dass ich auf ihre Blicke reagiere, ist sie nicht mehr zu halten. Erst einjährig, untersucht sie meine Finger, fährt zwischen die blitzenden Ringe, versucht, das Armband der Uhr zu öffnen und schenkt mir ihr zauberhaftes Lächeln. »Solange das geschieht, was sie sich wünscht, ist alles gut«, meint schmunzelnd die Mutter. Mein Herz hat die Kleine tatsächlich im Sturm erobert. Ja, sie spricht nicht mit Worten, sondern mit ihrem Herzen, und ich lasse mich gern »einfangen«. So ähnlich stelle ich mir das mit Gott vor. Es bedarf keiner großartigen Anstrengungen oder Beweise, seine Liebe zu gewinnen. Ich brauchte sie nur zu ergreifen, daran zu glauben, und schon war und bin ich im Besitz dieses Glücks. »You never walk alone!« So ist es, niemand geht allein. Wir sind immer in Gemeinschaft ...

Dem Himmel näher als der Erde

Es ist der 20. September 2014. In Köln wird der neue Erzbischof mit einem feierlichen Pontifikalamt eingeführt. Seine Eminenz! Es ist der Titel, den er als kirchlicher Diplomat tragen darf, auch wenn, oder besser, obgleich er Diener Gottes bleibt. Er beginnt – wie er sagt – diese neue Ära im Andenken an den von den Kölnern so beliebten Kardinal Frings, der zum Beispiel das nach ihm benannte »Fringsen« erlaubte (Stehlen von Lebensnotwendigem in der Nachkriegszeit). Und er stellt sich für diesen neuen Dienst mit den Worten des Propheten Samuel (Kap. 3) zur Verfügung: »Du hast mich gerufen, hier bin ich, Herr!«

Bei diesen Worten, die der Kardinal mit gekonnter Rhetorik lächelnd ausspricht, reagiere ich wie elektrisiert, denn das sind absolut die gleichen Worte der Berufung, die uns alle im Dienst an der Kirche und am Volk Gottes anspornten. »Du hast gerufen, Herr, hier bin ich!« So wie der Prophet des Alten Testaments, des Bundes Gottes, sich um 1000 vor Christus durch diesen Ruf zu Gottes engerem Dienst bereiterklärte, so tat ich es heute vor genau 55 Jahren. Mein diesjähriges Jubiläum feierte ich im Stillen. Scheute mich aber nicht, das auch beim Treffen mit dem Dritte Welt-Arbeitskreis aus Neuenrade am 8.9.14, dem Fest Mariä Geburt, zu sagen. Die Belange der HIV/Aids-Betroffenen in Moshi, die wir durch das Rafiki Projekt im Blick haben, sind vielleicht eines der äußeren Zeichen meiner damaligen und jetzigen Berufung. Aber es gibt noch mehr. Diese habe ich in meinen Büchern dokumentiert.

Mit meinem ersten Buch: »DAS MÖGE GOTT VERHÜTEN, warum ich keine Nonne mehr sein kann« habe ich die 40

Jahre Ordensleben und die 33 Jahre in der Mission in Afrika beschrieben. In meinem zweiten Buch: »FÜRCHTE DICH NICHT, mein Weg aus dem Kloster« geht es im Wesentlichen um die Stigmatisierung der Ausgetretenen und deren Versuche, sich in die zivile Gesellschaft zu integrieren. Und das steht für mich parallel zu dem Stigma, das ich bei den HIV/Aids-infizierten Menschen in Afrika erlebt hatte.

Mit diesem neuen Buch nun möchte ich eine gewisse Bestandsaufnahme machen und meinen Ist-Zustand beschreiben, und das 20 Jahre nach dem Austritt. Gleichzeitig möchte ich eine mahnende Botschaft an meine Kirche schicken, dass sie endlich nicht nur schöne, klangvolle Worte – wie die heutige Predigt des Kardinals – an die Menschen richtet, sondern sich aufrütteln lässt. Wir alle als BERUFENE im DIENST dieser KIRCHE haben ein Recht darauf, als solche wahrgenommen und behandelt zu werden. Und das selbst beim »freiwilligen« Ausscheiden aus diesem Dienst, der im Herzen auf andere Weise fortgesetzt werden kann.

Ich möchte nochmals klarstellen, dass mein Dienst – ich wähle dieses Wort bewusst – in der Mission wie der Dienst Hunderter, ja Tausender vor und mit mir von aufopferungsvollem Einsatz geprägt war, für die an den Rand Gedrängten (wie im Evangelium), und zwar Tag und Nacht, unter oft primitiven äußeren Umständen. Das Schwesternzimmer, das ich in den letzten vier Jahren meines Einsatzes bezog, hatte ungefähr die Größe einer Gefängniszelle, ausgestattet mit nur einem kleinen Handwaschbecken zur täglichen Körperpflege, und das bei tropischem Klima. Eine Toilette mit Bad war für fünf Schwestern gedacht. Diese angeblich notwendigen Opfer habe ich damals bereitwillig getragen, in dem Bewusstsein, oder besser gesagt, in der Hoffnung, damit der Sache Christi zu dienen.

Und nun hören wir von den »Millionen«, die in Protzbauten der Bischöfe »erlaubt« und möglich gemacht werden. Und selbst das soll »der Ehre Gottes dienen«, denn die Bischöfe müssen standesgemäß leben können? Und eine deutsche Missionarin darf im Einsatz in der sogenannten Dritten Welt nicht wenigstens ein Zimmer beziehen, das ihr genug Platz zum Atemholen und zur notwendigen Hygiene bietet? Wie unglaubwürdig macht sich dadurch unsere Kirche?

Aber als noch schlimmer empfinde ich das unverhältnismäßig geringe Maß an Wertschätzung, das sich am lächerlich niedrigen Niveau der Nachversicherung für die Ausgetretenen zeigt. Dieser Satz liegt auf dem Niveau der Grundsicherung. Und das für eine »Braut Christi«, wie Ordensfrauen bezeichnet werden! Wer kann da noch die Glaubwürdigkeit einer Kirche sehen, die mit ihren engsten Mitarbeiterinnen so umgeht? Ich bezeichne das als Verrat an der Heiligkeit der kirchlichen Sendung.

Was hat sich für mich nun in den letzten 20 Jahren seit meinem Austritt im Oktober 1995 geändert? Ich würde sagen, dass mir der »fehlende Schleier« nicht mehr anzumerken ist. Äußerlich kann ich mich ganz »normal« in der zivilen Gesellschaft bewegen und mich meinem Stand gemäß kleiden. Hier möchte ich anfügen, dass es mich ungemein gefreut hat, als ein Herr kürzlich nach einer Lesung bemerkte: «Sie haben Geschmack und wissen sich zu kleiden!« Er gehörte zur Bekleidungsbranche, und zu meiner Überraschung schenkte er mir einen Gutschein. Dass mir der richtige Einkauf weiter Kopfzerbrechen bereitet, steht außer Frage. Aber dem stelle ich mich gerne. Weil ich im Alter noch einmal begann, mein eigenes, zusätzliches Geld zu verdienen, erlebte ich zu meinem Erstaunen dadurch eine ganz andere Art von Selbstwertgefühl. Das Bewusstsein, Geld zu haben, ist etwas, das hilft, freier wählen zu können und die Möglichkeit auszuschöpfen, etwas auszuprobieren. Ich muss nicht mehr betteln, ich habe ein Anrecht darauf, denn es geht um meinen persönlichen Verdienst. Es ist der Geist, der dadurch anders beeinflusst wird, auch wenn es um moderaten »Besitz« geht. Ich kann planen, teilen, dankbar sein und das, was ich habe, so einsetzen, dass meine Tage weiter gelingen können. Und wenn einmal ohne fremde Hilfe nichts mehr geht und das wenige Geld aufgebraucht ist, dann möchte ich auch das annehmen, so, wie es kommt.

Aber zurück zum Jetzt. Schwieriger erlebe ich eine angemessene Wahl im kulturellen Leben, denn auch diese Kosten müssen immer mit eingeplant werden. So geht es heute vielen Menschen. Man spricht sogar bereits von 3 Millionen, die unter der Armutsgrenze (von z. Zt. 976 € im Monat; Stand Januar 2015) leben müssen. Das weiß ich. Aber ich spreche davon, dass Menschen wie ich als ehemalige Nonne sehr bewusst so niedrig »besoldet« wurden. Vor 20 Jahren traf mich das noch härter. Jetzt habe ich mich nicht nur daran gewöhnt, sondern mein zunehmendes Alter hilft mir, die Auswahl einzugrenzen. Entweder weil die Veranstaltungen zu weit entfernt stattfinden, oder weil es abends zu spät wird oder ganz einfach wegen des Kräfteverbrauchs, der schließlich dazu führt, dass ich oft die eigenen vier Wände bevorzuge. Das geht mir wie allen anderen Menschen meines Alters. Sinnigerweise hilft das Fernsehen, einige dieser Events ins eigene Zimmer zu holen. Oder ich besorge mir die entsprechende Literatur, um auf dem Laufenden zu bleiben, im spirituellen, religiösen Bereich und ebenso, wenn es um afrikanische Belange geht. All das macht mir besonderen Spaß, wenn ich die Länder aus eigener Erfahrung kenne und wie in Tansania gewissermaßen am Aufbau des Gesundheitswesens mitgearbeitet habe. Das lässt mich dankbar zurückblicken. Weil ich mich mittlerweile viel intensiver in jetzige Situationen hineinversetzen kann, ist es mir auch ein Bedürfnis, das zu vermitteln.

Deshalb sehe ich auch mit Schrecken, wie die durch den Bürgerkrieg zusammengebrochene Infrastruktur in Sierra Leone dieses Land in Westafrika so anfällig für die Ebola-Epidemie machte. Ebenso berührt mich, dass unser jahrzehntelanges Bemühen um Aufklärung in dieser noch »unterentwickelten« Situation nicht ausgereicht hat, um dem sogenannten Aber- oder Geisterglauben die Stirn zu bieten. Nicht nur in Westafrika, sondern in weiten Teilen Afrikas, wie die Morde der Albinos in Tansania, beweisen, oder auch das Töten von Giraffen, um sich durch ihr Herz vermehrte eigene Kraft zu geben, Genitalverstümmelungen, um die Herrschaft des Mannes aufrecht zu halten, Missbrauch von Jungfrauen (auch Kindern und Babys), um sich dadurch von Aids zu heilen, und vieles andere mehr.

Können wir mit unserer weißen Haut und einer Herkunft, die sich ein viel komfortableres Leben leisten kann, da überhaupt eine überzeugende Aufklärung leisten? Auch dafür ist Liberia ein Land, das Antworten gibt. Denn ich erfuhr von der bemerkenswerten Leymah R. Gbowee, die als Friedensaktivistin maßgeblich dafür verantwortlich war, dass der 14-jährige blutige Bürgerkrieg in Liberia ein Ende fand. Sie war die tatkräftige Anführerin der Frauengruppe, durch deren ausdauernde, wagemutige Sitzblockaden bei Wind und Wetter vor dem Gebäude, in dem ihre Söhne und Männer als zerstrittene Machthaber und Warlords feilschten, sie diese letztendlich zur Vernunft brachten. Unter den vielen Preisen, die sie bekam, war auch der Friedensnobelpreis in Oslo am 16. Januar 2006, zusammen mit der Staatspräsidentin Ellen Johnson-Sirleaf von Liberia. Ein schöner Beweis, dass Frauen die Fähigkeit und Macht haben, etwas zu bewegen. Und obgleich Ebola in Liberia am schlimmsten wütete, steht am 09.01.2015 in der Dürener Tageszeitung, dass die Zahl der Neuinfektionen (nach knapp 3.500 Toten) in den vergangenen Wochen stetig zurückgegangen ist. Für mich klingt auch das nach Frauenpower, die sich von der Verwüstung der Infrastruktur während des Bürgerkrieges erholen musste, und nun die Ebola-Epidemie zu bezwingen scheint.

Im September 2015 enden die Milleniumsziele (MDGs oder »Millenium Development Goals«) der UN, zu denen sich zu Beginn des neuen Jahrtausends 189 Regierungen weltweit verpflichtet hatten. Das Hauptziel war, die Armut in der Welt zu halbieren. Um das zu erreichen, wurden acht Schwerpunkte ins Visier genommen. Zum Beispiel geht es unter anderem auch um die Gleichstellung der Geschlechter, denn nur, wenn die Frau und Mutter sich ihrer zentralen Stellung zum Wohle der Gesellschaft bewusst wird, kann sich überhaupt etwas ändern. Das haben wir soeben am Beispiel Liberias gesehen, und dessen war ich mir auch bewusst, als ich am 28.11.2010 zum Milleniumsziel-Tag nach Basel geladen war. Dort sprach ich über meine Erfahrung als Frau in Afrika, in der Kirche und als Mitschwester. In allen drei Positionen liegt es an uns Frauen, uns gleichberechtigt und ebenbürtig zu geben. Wir dürfen nicht darauf warten, dass uns Männer oder die Kirche dieses Recht geben. Wir haben es bereits, wir müssen uns dessen aber immer wieder neu bewusst werden und müssen es dann auch aktiv leben.

Als eine Marokkanerin während eines Interviews im Fernsehen gefragt wurde, ob sie sich als integriert bezeichnen würde, schaute sie ihr Gegenüber ruhig an und antwortete: »Ich lebe mein Leben!« Das war eine fantastische Antwort. Sie – als sogenannte Ausländerin – sprach nicht nur ein ausgezeichnetes Deutsch, sondern hatte die Aufgabe, anderen Migranten eine »Wegweiserin« zu sein und Hilfestellungen zu geben. Ihre Antwort kam so präzise, weil sie ihren Beruf lebte. Wir alle sind gefragt »unser Leben« zu leben, ganz gleich, ob wir in Deutschland geboren wurden und aufwuchsen oder aus dem Ausland kommen. Habe ich mich nach 33 Jahren in Afrika wieder hier integriert?

Aber zurück zum Thema meines sogenannten neuen Lebens. Was für mich wichtig ist, zeigt sich darin, dass es – wie sicher auch schon weiter vorn durchgeklungen ist – nun von meiner eigenen Wahl abhängt, was ich tue und für mich in Betracht ziehe. In dieser persönlichen Entscheidung bin ich frei und nur mir selbst gegenüber verantwortlich. Darin liegt ein wesentlicher Unterschied zu früher. Es wird nicht mehr über mich bestimmt, sondern ich habe im Prozess des Horchens auf meine innere Stimme gelernt, meine eigene Wahl zu treffen. Von Situation zu Situation und von Tag zu Tag. Doch das macht den Prozess nicht leichter. Denn ich bin nicht mehr eingebunden in ein enges Netz von äußeren »Verpflichtungen«: Ich darf morgens aufstehen, wenn es für mich richtig ist. Ich muss meine eigenen Ruhepausen einplanen, aber das gehört zu den Aufgaben der Selbstliebe, die ich mir früher nicht zugestanden habe. So ist es mit festlichen Überraschungen, einem Essen mit Freunden im Restaurant, einem Strauß Blumen, den ich mir selbst schenke, und ähnlichem. Dadurch bin ich ständig in der Eigenverantwortung. Wenn ich eine Kirchenglocke läuten höre, heißt das nicht mehr, dass ich gerufen werde, sondern ich nehme es als Einladung, ein stilles Gebet zu sprechen. Zum Gottesdienst fahre ich in der Regel, und zwar bewusst dorthin, wo ich in der Gemeinde bekannt bin und wo mich die Worte der Predigten als Anregung für das eigene Leben berühren. Sie sind spiritueller Anstoß, getragen vom Prinzip Hoffnung und nicht mehr überwiegend von Geboten. Auch das ist ein wesentlicher Unterschied zu früher, als ich in den strengen klösterlichen Tagesablauf eingebunden war und mich an die oft althergebrachten Ordensregeln halten musste, die zum Teil mit den Aufgaben des zivilen Arbeitsalltags nicht vereinbar sind.

Was mich manchmal schmunzeln lässt, ist die Feststellung, dass es auch zur Bewältigung des Alltags gewisse Talente braucht. Früher konnte ich ein ganzes Krankenhaus und seinen Betrieb mit allem Drum und Dran bzw. aller Logistik, mitten im afrikanischen Busch 100 Kilometer von der nächsten Stadt entfernt, managen. Heute beschränkt sich der Radius meiner Aktivitäten auf wesentlich geringere Aspekte, dennoch muss ich auch diese beherrschen. Das freut mich, denn es beweist, wie schön es ist, den eigenen Verstand einzusetzen. Und versteckte Kreativität zeigt sich auch in Kleinem und Unscheinbaren. Wie ich die Blumen auf der kleinen Veranda arrangiere, ein Regenbogen-Windspiel dazwischen platziere und den stählernen Vogel im Rosenstrauch verstecke. So lange, bis »die einzelnen Farbflecken«

miteinander harmonieren und mein Herz erfreuen. Kritik von außen gibt es dabei nicht, und die Anerkennung muss ich mir selbst zugestehen. Eigentlich so, wie es immer im Leben sein sollte.

Da bin ich allerdings mit einer anderen Erfahrung behaftet. Solange es um die Einhaltung der diversen Regeln ging und diese dazu genutzt wurden, die Persönlichkeit und Tauglichkeit der Einzelnen zu bestimmen, wurde sehr häufig kritisiert, spioniert und durch Klatsch und Tratsch das Leben Einzelner beeinflusst, wenn nicht sogar ruiniert. Das empfand ich schließlich als untragbar. Sich zu verteidigen war insofern unmöglich, weil man selbst entweder nicht informiert wurde oder aber bereits abgeurteilt war, bevor es zur Verteidigung kommen konnte. Das Urteil konnte dann lapidar mit dem Satz »Schwester Lauda muss Schlimmes getan haben, sonst würde sie nicht so von den Vorgesetzten behandelt.« abgetan werden. Diese Rechtlosigkeit erlebe ich heute nicht mehr. Gott Dank. Ich habe mir sagen lassen, dass diese Art der Gruppendynamik mit der sogenannten Hackordnung auf dem Hühnerhof zu tun hat und dem Stärkeren zum Sieg verhelfen soll.

Was unverändert dem Wesen nach geblieben ist, das sind meine Ideale, Wertvorstellungen und Visionen. Wenn ich davon spreche, dass ich auf mein Inneres horche, dann meine ich damit, dass ich auf Gottes Stimme in mir horche. ER hat mir die Freiheit geschenkt, mich für IHN zu entscheiden, und das habe ich als Ordensfrau getan, so, wie ich es jetzt als alleinlebende Rentnerin im Ruhestand tue. ER ist wie der Kompass, auf den ich bei meiner Reise durch diese Lebenszeit ausgerichtet bin. Das gibt mir Sicherheit, macht mich dankbar und schenkt mir inneres Gleichgewicht und Glück.

Bei meinem letzten Besuch in der ältesten Birkesdorfer Eisdiele krabbelt ein kleines, pausbackiges Mädchen vor mir auf den leeren Stuhl und strahlt mich mit dunkelbraunen Augen an. Ich frage sie nach ihrem Namen. Darauf scheint sie gewartet zu haben und antwortet stolz: »Seline«. Schon will ihre Großmutter dazwischen kommen, aber die Kleine zeigt mir ihre Mickymaus-Puppe und will diese gerade hochwerfen, denn das gehört wohl mit zum Spiel. Doch dem wird energisch ein Riegel vorgeschoben. Ist es für diese besorgte Großmutter unangenehm, mit fremden Menschen zu sprechen? Bevor ich reagieren kann, bestellt sie schnell die Wundertüte Eis. Dadurch wird die Freude der Kleinen auf das Eis verlagert. Ich lasse es zu, lese weiter in der Zeitung, erlebe aber das Strahlen ihrer Augen als Aufforderung, das Geschenk des Lebens zu bejahen. So, wie es in einem afrikanischen Sprichwort heißt: »Die Freude wie Vögel an den Himmel zu werfen«.

So sieht mein Leben zurzeit aus, so kann ich es zulassen. »Geh vertrauensvoll in die Richtung deiner Träume. Führe das Leben, das du dir vorgestellt hast. Wenn du dein Leben vereinfachst, werden auch die Gesetze des Lebens einfacher.« So schrieb der amerikanische Schriftsteller Henry David Thoreau bereits vor über 100 Jahren. Dazu fand ich für mich passend die Worte auf einer Kunst-Karte (Card Art): »Freiheit bedeutet, dem Himmel näher zu sein als der Erde und den Träumen näher als der Realität.«

Wie schön, dass es dich gibt

Zum Anfang des Jahres lese ich die ermutigenden Worte: «Unter allem, was die Weisheit zum glücklichen Leben beiträgt, von allen Geschenken, die uns das Schicksal gewährt, gibt es kein größeres Gut als die Freundschaft – keinen größeren Reichtum, keine größere Freude.» (Epikur von Samos, 341–270 v. Chr.) Diese Weisheit gab es also bereits vor Christi Geburt. Es macht mich glücklich, hierdurch die Bestätigung zu finden, dass es wichtig für uns Menschen ist, nicht alleingelassen zu werden. Oder anders ausgedrückt, dass wir nicht das Gefühl haben sollten, allein zu sein. Das passiert schneller als gedacht und nicht nur im Alter.

Es ist auch eines der Probleme, die auf uns Ex-Nonnen zukommt. Die Gemeinschaft, in die wir eingetreten sind, für die wir alles verlassen haben und in Kauf nahmen, dass wir unserer eigenen Familie entfremdet und unserem abendländischen Kulturkreis entwachsen sind, sie hat uns derart entlassen, dass es einem Bruch gleichkam. Sie war uns zur Heimat geworden, sogar in der Fremde eines anderen Kontinents. Aber nur so lange, wie unsere Vision sich der Ihrigen anpasste, ja unterwarf. Außerdem gehörte es zu den Gepflogenheiten dieser Gemeinschaft, dass Freundschaften untereinander nicht erlaubt, ja verpönt waren. Wahrscheinlich waren die Regeln so darauf bedacht, einander nicht näher zu kommen, weil eine unterschwellige Angst vor lesbischer Liebe bestand. Aber dadurch wurde alles Vertrauen in andere Menschen unterbunden, selbst zu denen, die wir als unsere Mitschwester kannten. Welch ein Verlust an Nächstenliebe und Empathie. Sind es nicht gerade diese

Fähigkeiten, die uns helfen, auch wahre Selbstliebe zu verstehen? Wie können wir an eine bedingungslose Gottesliebe glauben, wenn wir dieses Erlebnis einer vollkommenen gegenseitigen Annahme nicht erfahren durften. Ein Paradox, wie es so manche im Regelwerk eines »Machtapparates« gibt, der zum Erhalt des Status Quo nötig ist.

»Ich bin so froh, dass wir uns haben«, höre ich meine Freundin Gloria am anderen Ende der Telefonleitung sagen. »Bei dir kann ich einfach so sein wie ich bin. Ungeschützt, auch wenn ich bedrückt bin. Wenn ich Angst davor habe, im Alter den Kontakt zu »meiner Gruppe der Golden Girls« zu verlieren, sollte ich plötzlich nicht mehr mobil sein!« Ein stechender Schmerz, ähnlich dem eines Hexenschusses, hatte es ihr unmöglich gemacht, vor die Tür zu kommen, und diese sonst unterschwellige Angst zum Vorschein gebracht. Wir muntern einander gegenseitig auf und helfen durch die üblichen guten Ratschläge, wie Wärme und Salben, aber ebenso durch Späße, die Stimmung zu heben.

Als ich ihr anvertraue, dass ich vor lauter Mühe beim Schreiben in jeder Pause zu meiner Keksdose greife und mich bediene, sagt sie lachend: »Ich habe gestern mehrere Riegel Schoko verzehrt und war versöhnt, als abends im Kabarett vorgetragen wurde: ›Ich habe immer noch Größe 38‹!« – »Das ist ja klasse«, erwidere ich begeistert. »Majella, aufpassen. Im Kabarett geht es um Schuhgröße. Ganz schön skurril, nicht wahr?« Jetzt habe auch ich verstanden und freue mich mit ihr über diesen Spaß. Das schaffen wir immer, uns gegenseitig Mut zuzusprechen oder einfach der anderen das Gefühl zu geben, dass wir füreinander da sind. Selbst wenn es »nur« telefonisch ist. Das war im Kloster nicht der Fall. Doch Freundschaft ist auch Heimat ...

Das nächste Telefonat habe ich mit einer anderen Ex-Nonne, die ebenfalls dabei ist, sich wieder im zivilen Leben zu fangen. Sie ist bedeutend jünger und auch nur wenige Jahre im Kloster geblieben. Getroffen haben wir uns noch nicht. Ihre Dynamik ist ansteckend. Dass sie als Krankenschwester, ähnlich wie bei mir, einige Auseinandersetzungen mit Beruf und Klosteralltag erlebte, ist nicht verwunderlich. Wir tauschen uns gerne aus. So kommt ganz spontan ihre Frage: »Können wir nicht eine eigene Gemeinschaft gründen?« – »Damit ich dann als Pflegefall euch zur Last falle,« war meine erste Reaktion. Dass ich mich davor fürchte, nochmals einem System ausgeliefert zu sein, in dem ich nicht ich selbst sein kann, das wage ich (noch) nicht zu sagen.

Ich glaube zudem, dass ich heutzutage gegen alles aufbegehren würde, was auch nur im Entferntesten nach Ungerechtigkeit und Unterdrückung aussieht. Dialog müsste ganz groß geschrieben werden, und alle müssten in den Prozess der Entscheidung hineingenommen werden. Ist das nicht eigentlich Utopie? Gibt es das in heutigen Gemeinschaften?

Gibt es sie überhaupt noch, diese Orden, die zu der Zeit, als wir eintraten, in den 60er-Jahren, ihre Blütezeit erlebten? Ich meine diejenigen mit karitativen und sozialen Aufgaben, die nicht hauptsächlich im geistlichen Bereich und in der Anbetung und dem Fürbittgebet ihre Berufung sehen. Letztere scheinen gerade wegen eines Lebens der Entbehrung und der Buße weiter neue Mitglieder anziehen zu können, als es bei unserer Lebensweise der Fall ist. Da lese ich im Kölner Stadtanzeiger (16.04.15), dass die Frauenorden in Deutschland heute oft einer greisen Gemeinschaft ähneln. Vielleicht sterben sie aus, frage ich mich mit schmerzhafter Verwunderung, auch wenn ich kein aktives Mitglied mehr bin. Ob es die Frage aufwirft, dass etwas »falsch« läuft? Oder stellt es generell die Tatsache vor Augen, dass es heute eine vielfältige Art des Einsatzes und Ehrenamtes gibt, der ohne einen Geist des Gebetes und der Liebe zu Gott und zum Nächsten gar nicht zu leisten wäre? An diese Frage müssen geschulte Expertinnen, und ich wäre dankbar, wenn einige den Mut hätten, sich ihr zu stellen. Auch das gehört zur Erneuerung des Ordenslebens, bei denen die Erfahrung von uns Ehemaligen nicht ausgegrenzt werden sollte. Denn ich kenne keine, die nicht an ihre Berufung geglaubt hat und bereit war, dafür bis zum Ende durchzuhalten. Aber nicht gegen besseres Wissen, das aus dem eigenen Herzen kam.

Man hat mich wiederholt gefragt, warum ich nicht im Orden geblieben sei. Es habe so ausgesehen, als ob ich mich gedrückt hätte. Ich muss mich hier nicht verteidigen. Doch empfinde ich es als eigenartig. wenn ich in offiziellen Briefen nachlese, wie z. B. von der Gewerkschaft, die versuchte, mir klarzumachen, dass mich niemand zwingen könne, aus dem Orden auszutreten ... Allerdings, dafür müsste ich mit einem Mann »türmen«, wie es in der Regel steht. Es geht hier doch um etwas ganz anderes, das eher mit einem Betriebsklima verglichen werden kann. Deshalb sprach ich auch davon, dass ich für mich »keine Luft zum Atmen« mehr im Kloster wahrnahm. Andere erleben jedoch gerade diese Klosteratmosphäre als etwas Lebendiges, dass ihnen hilft, zu sich selbst und zur Ruhe zu finden. Das freut mich für sie. Es kommt immer auf die jeweilige Sichtweise an. Sind wir Menschen nicht alle verschieden? Individuen oder Einzelwesen und so unterschiedlich erschaffen, dass es keine zwei gleichen von uns gibt? Also können, oder besser gesagt, sollten wir uns auch gar nicht vergleichen. Es geht nicht.

Eher frage ich mich heute, warum ich das Ordensleben weiter verteidige, auch wenn ich es nicht bis zum Ende meiner Tage leben konnte. Lag es am Ideal, dem ich nacheiferte, das aber so gar nicht zu erreichen war? War es die große Schar der Mitschwestern, die, über den Erdkreis verstreut, allein durch ihre Dazugehörigkeit eine Einheit bildeten? Als internationale Gemeinschaft konnten wir einander helfen, unseren Horizont erweitern, indem wir andersartige Menschen und ihre unterschiedlichen Kulturen kennenlernten. Das war für sich schon eine enorme Chance und Bereicherung. Außerdem habe ich einen Beruf im Ausland erlernen können und hatte die Möglichkeit, mich mit all meinen Fähigkeiten im Gesundheitswesen einzusetzen, zum Wohle der Patienten und zur Förderung des Personals. So, wie ich für mich selbst eine größere Erfüllung in meinen Aufgaben suchte, so wollte ich es auch meinen Mitschwestern ermöglichen, durch die Einführung zeitgemäßer Strukturen (z.B. job descriptions), grundlegende Ausbildung aller Einheimischen mit Abschlusszeugnissen sowie geistliche Förderung durch zahlreiche interaktive Kurse und Einübung in offenen Dialog und ehrliche Kommunikation.

All das war eine großartige Bereicherung für mich selbst und für diejenigen, die durch diese vielfältigen Angebote wachsen konnten. Dafür bin ich bis heute dankbar und weiß, dass ich mithilfe dieser Möglichkeiten auch die wurde, die ich heute bin. Das ist die Seite, die ich auch beleuchten möchte und die in meinem Buch »Das möge Gott verhüten« ausführlich geschildert wird. Der schmerzhafte Verlust und die Stigmatisierung derer, die sich anders entscheiden, ist die Kehrseite, die wahrscheinlich in der nüchternen Realität des menschlichen Zusammenlebens kaum zu vermeiden ist.

Manchmal erlebe ich mit einem beklemmenden Gefühl, was vor mir auf dem Fernsehschirm geschieht, und frage mich, ob ich dem gewachsen wäre, wenn ich in ähnlicher Situation gewesen wäre. Dabei sehe ich mich oft genauso »versagen« und bin dankbar, dass sich mir diese Gelegenheiten des Nachdenkens bieten. Dass ich mich wenigstens theoretisch damit auseinandersetzen kann und dass ich »keinen Deut besser bin« als die meisten Menschen. »Eine fabelhafte Erkenntnis«, würde mir jetzt Jürgen Becker als Kabarettist attestieren. Denn »Jeder Jeck ist anders« bezeugt den feinsinnigen Humor des Rheinländers, der es auf diese Weise auf den Punkt bringt.

Doch – heute ist wieder solch ein grauer Tag, an dem es eher nach Regen aussieht. Und das fällt mir schwer. Es drückt auf mein Gemüt, wenn die Sonne fehlt, und das nicht nur, weil ich in Afrika mehr als verwöhnt wurde. Aber unterkriegen lasse ich mich nicht dadurch. Selbst am Kilimandscharo entwickelte ich den Blick auf den »Berg Gottes«, der schon damals seine Eiskrone fast täglich für Minuten für mich aufblitzen ließ. So erhasche ich auch hier oft die wenigen hellen Stellen am Himmel, die das versteckte Licht der Sonne dahinter erahnen lassen. Das hilft und erhellt meine Stimmung. Es macht mich dankbar und lässt mich das auch im Gebet aussprechen.

So reihen sich die Tage aneinander im Hinblick auf den letzten Übergang – ins Jenseits; auf die Veränderung hin zum »Neuen Menschen«. Das gehört in meinen Augen zum Gedankengut von uns Christen und Hospizlern, weckt aber dennoch Erstaunen bei manchen. So reagierte auch ein Besucher der KAB (Katholische Arbeiterbewegung), als ich ihm auf seine Frage nach dem Tod antwortete: »Schauen Sie das Buch da an, darin steht von einem kleinen Jungen in Südafrika, der seinen Großvater danach fragt, warum die Menschen so viel schlafen. Die tiefsinnige Antwort war: »So üben sie das Sterben!« (»Die Geschichte des Mangaliso« von Albert Herold, Echter-Verlag) Das habe ich mir nicht nur gemerkt, sondern das praktiziere ich auch.

Füreinander da zu sein, auf unterschiedliche Weise, aber immer als eine Art »Missio« – wie wir es früher nannten. Das bedeutet Sendung oder Aufgabe. Und das Schönste daran ist, sie kommt ungefragt, wie selbstverständlich. Dabei geht es immer um ein Geben und Nehmen. So kommt heute eine Mail aus Spanien, in der mir Eileen die Herzoperation ihres Mannes anvertraut. Wir kennen uns schon aus der »Jugendzeit«, als sie in Tansania als Entwicklungshelferin im Einsatz war und ich als junge Missionarin Gutes tun wollte. Aus der Schweiz werde ich ermutigt, unermüdlich der Stimme meines Herzens zu folgen. Aus Berlin kommt die Einladung für ein paar Tage kostenfreies Wohnen, oder aber zu einem Konzert nach Oberhausen. Und das alles, einfach, um mir eine Freude zu machen.

Auch wenn mir allmählich die Kraft fehlt, all diese schönen Dinge umzusetzen, so verfehlt die Möglichkeit ihre Wirkung nicht.

Es gäbe noch mehr Beispiele, wie wir heutzutage weltweit vernetzt sind und einander auch auf Entfernung nahe sein können. Es benötigt nur das bewusste Gewahrwerden oder Hinhorchen, um darauf antworten zu können.

Beten soll ich auch für die kleine Patientin mit bösartigem Krebs aus Frankfurt, deren Großmutter erst vor kurzem ihren Mann verloren hat. Und meine Freundin in Tansania antwortet auf meinen Anruf: »Majella, ich bin im Krankenhaus. Ich kann nicht sprechen.« – »Als Patientin?«, frage ich besorgt »Nein, wir stehen in der Leichenhalle«. Einer ihrer HIV-Betreuten ist verstorben. Sie wird sich wieder melden.

Erst gegen Abend (dort sind zwei Stunden Zeitunterschied) kommt die Rückmeldung meiner Freundin. Sie war vormittags damit beschäftigt, eine Verstorbene (angesteckt durch ihren Ehemann) für die Beerdigung herzurichten, eine Mutter von drei Kindern, die sich nun allein durchs Leben schlagen müssen. Gott Dank gibt es die resolute, anscheinend nimmermüde Naiso, die auch diese Aidswaisen unter ihre Fittiche nimmt.

Doch wer kümmert sich um diese mutige Frau, die plötzlich an einem Tumor am Darm notoperiert werden musste? Und deren linkes Knie bei jedem Schritt schmerzt? Dabei stellte der Arzt bei der Untersuchung fest, dass ihre Hüfte gebrochen war. Also wurde erst diese »geflickt«, bevor sie wieder unters Messer kann. Auch für sie sind es mittlerweile gut 20 Jahre in der aufopferungsvollen HIV/Aids-Arbeit, ohne je einen Orden dafür bekommen zu haben, aber immer in Bereitschaft – für andere da zu sein! Dass sie als Frau zusätzlich mit Anfeindungen zu kämpfen hat, ist leider in einem Land, in dem der Mann noch immer einen größeren Stellenwert hat, bittere Realität. Besonders, da die kirchlichen Hierarchien einen großen Einfluss haben. Sie hat sich nicht »davon befreit«, sondern ist an der Seite der Unterdrückten und Notleidenden geblieben, und zwar dort auf dem Land, wo die HIV/Aids-Betroffenen am Lebensende wieder ihre Heimat aufsuchen.

In der »Tansania Information« Dezember 2014 ist Folgendes zu lesen: »Nachdem Regierungskrankenhäuser nach Haushaltkürzungen über Jahre Medikamente nicht bezahlt haben, kann die Zentralapotheke auch Basismedikamente nicht mehr einkaufen und liefern. Die Schulden sind auf TZS 99 Mrd. aufgelaufen. Deshalb müssen viele Patienten bis zur Bewältigung der Krise Medikamente auf dem freien Markt selbst kaufen.« Das kommt mir sehr bekannt vor, denn schon früher erlebte ich, dass z. B. Aspirin-Tabletten halbiert wurden, mit dem Vermerk, morgens und abends je eine halbe Tablette zu nehmen, gegen das Fieber oder die Schmerzen. So sieht es also auch heute wieder aus. Das können wir uns sicher kaum vorstellen. Früher war es mir möglich, dieses Dilemma für unsere Patienten zu verhindern, und heute versuche ich es weiter, durch Unterstützung meiner Freundin und des RAFIKI (Freundschaft) Projekts. Denn am Ende trifft es immer das schwächste Glied der Kette. Bereits Kofi Annan sagte als UN-Generalsekretär »Die einzige Impfung gegen Aids ist Frauenpower.«

»Wie schön, dass es dich gibt«, möchte ich aber auch zu jedem neuen Tag sagen und zu den unentwegt dahinziehenden Minuten, die wie Wolken manchmal imposant vor uns hertreiben und dann wieder sanft unseren Blicken entgleiten in ihrer schwebenden Leichtigkeit. Annehmen, geschehen lassen, wissend, dass es immer gut wird, wenn ich mich dem Fluss des Lebens, meines Lebens, anpasse und mich von ihm tragen lasse. Dann kann meine Lebensenergie weiterfließen, auch wenn durch die zunehmenden Jahre meine physischen Kräfte abnehmen. Schenkt uns die Natur nicht immer wieder Einblicke in diesen Zyklus des »Stirb und werde«? Die Jahreszeiten, Tag und Nacht, Licht und Dunkel, Morgen und Abend,

Ebbe und Flut ... Geburt und Tod! Der weltberühmte dänische Dichter Hans Christian Andersen ergänzt diese Weisheit mit den Worten: »»Leben alleine genügt nicht«« sagte der Schmetterling, »»Sonnenschein, Freiheit und eine kleine Blume muss man auch haben.«« Den Sonnenschein suchen wir wahrscheinlich in unserer Lebensaufgabe. Dabei wird uns die Freiheit in unser Herz gelegt, und wir beschenken einander mit den kleinen Blumen, die am Wege auf uns warten.

Meine Mutter erzählte mir einmal, wie ich als Kleinkind hingebungsvoll den Worten meines Vaters am Telefon lauschte, wenn er seine Arbeit unterbrach, um meine Fantasie zu beleben, indem er bunte Schmetterlinge vor meinem inneren Auge vorbeischweben ließ. Vielleicht half mir diese frühe Übung immer, nach dem Positiven und auch »Leichterem« im Leben zu suchen und mich darauf zu konzentrieren, anstatt das verflossene Schwere festzuhalten. Dadurch wird das Geschehene eher zur unerträglichen Last. Unnötig. Im Verzeihen gebe ich ab. Erst mir selbst, aber auch dem anderen. Und immer in dem Wissen, dass bei Gott alles aufgehoben ist; in IHM kommt alles zur Vollendung, wie der Glaubende es zu sehen pflegt.

Meine Augen schauten gestern erstaunt auf die Hände der Angestellten an der Kasse des Supermarktes, die mit kunstvoll bemalten Fingernägeln die Waren auf das Fließband legte. Knallige Farben sprangen mir ins Auge: hellgrün, leuchtend rot und tiefblau, alle Farbflecken auf einem Nagel vereint. Die Wirkung blieb nicht aus, nicht nur als Hingucker, sondern auch als Ermunterung und Erheiterung im Trubel der Arbeit. Diese Verkäuferin hatte sich den Freiraum geschaffen, der ihr guttat und der zeigte, dass es ihr Terrain war, in dem sie »ihre Schmetterlinge« tanzen ließ. Ich hatte diese bewundert, und sie bedankte sich dafür. So kamen wir auf eine akzeptable Augenhöhe. Das war gut für uns beide.

»Du findest den Weg nur, wenn du dich auf den Weg machst.« Dieser resolute Ansporn der Ordensgründerin Maria Ward passt gut zu der erdhaften Feststellung der afrikanischen Tshi: »Wer auf einen Baum klettern will, fängt unten an, nicht oben.« Maria Ward hatte in ihrem bewegten Leben viele Widerstände zu meistern, hat aber nie an sich* und ihrer Aufgabe gezweifelt. Sie wechselte sogar mehrmals den Orden, bevor sie den für sie richtigen Lebensweg fand. Aber – sie ging und fand ihn. Als Gründerin der sogenannten »Englischen Fräulein« machte sie durch ihr Institut die Bildung von Mädchen im 17. Jahrhundert erst möglich. Als Ordensregel richteten sie sich nach der des Heiligen Ignatius, also der Jesuiten. Erst vor kurzem feierten die »Mary Ward-Fräulein« ihr 400-jähriges Bestehen. Das zeigt, wie wichtig die Lebensaufgabe der Schwestern für die jeweilige Epoche, in der sie wirkten, ist. In Nairobi begegnete ich dem italienischen Zweig dieser Gründung als Loretoschwestern, die ein Internat leiteten. Ich nahm gerne an den Gottesdiensten in ihrer Kirche teil. Erst jetzt wird mir klar, wie nahe ich schon damals dieser mutigen Frau war. Sie ließ sich durch nichts abschrecken, sondern folgte ihrer inneren Eingebung. So gehen wir alle unsere je eigenen Wege.

Der Kopf will uns mit unserem Verstand und seinem Intellekt dieses oder jenes einflüstern und schmackhaft machen. Das können fantastische Gedankenkonstruktionen sein, die aber wenig mit der Wirklichkeit zu tun haben. Das Gegenstück kommt aus dem entgegengesetzten Pol unseres Körpers, den Füßen. Diese suchen uns in sicherer Erdung zu

Wie schön, dass es dich gibt

halten, damit wir die Balance in unserem Leben finden können. Aber noch etwas Wesentliches ist notwendig, nämlich unser Herz. Es ist das Organ, das durch sein unermüdliches Schlagen unseren gesamten Kreislauf in Gang hält. Genau dadurch bleiben wir am Leben.

Im übertragenen Sinn ist es ebenfalls unser Herz, das uns zu unserer Mitte und der für uns richtigen Entscheidung in unserem Leben führt. Und dieses unser Herz gibt uns die Kraft, unserem Ziel entgegenzugehen, dabei zu bleiben und »im Regen zu singen«, auch wenn wir manchmal vernünftigere Gründe zur Freude suchen. Heißt es nicht: das Herz am richtigen Fleck haben? Lassen wir es da, beachten wir es. Horchen wir auf unser Herz, und wir werden glücklich im Leben sein.

Der Psalmist schreibt im ersten Psalm 1,1-4:

»Wohl dem Mann ... der Freude hat an der Weisung des Herrn. Er ist wie ein Baum, der an Wasserbächen gepflanzt ist, der zur rechten Zeit seine Frucht bringt ...!«

Schon im Alten Testament wird darauf hingewiesen, der Weisung des Herzens zu folgen. So erlebte ich in meiner Afrikazeit den Baobabbaum als Symbol für das Leben. Ich fotografierte diesen faszinierenden Baum auf einer der kilometerlangen Fahrten durch die afrikanische Landschaft und bewunderte seine scherenschnittartigen Umrisse im Licht der untergehenden Sonne. Daraus wurde folgende Bildmeditation, die ich zum Ausklang anfügen möchte.

Zum Ausklang

Baum, Sinn des Lebens

Ein Baum hebt sich aus der Finsternis –
So vergleicht der Psalmist den Menschen, der den Worten
Gottes glaubt und ihnen folgt.
Dieser Mensch kann leben, er hat immer die nötige Nahrung;
Ja, er durchlebt das Dunkel, hält ihm stand,
und – wie im Bild – strebt dem Licht entgegen.

Der Baobabbaum ist in besonderer Weise
Symbol für des Lebens Fülle,
denn es gibt nichts an ihm, das nicht zum Leben nützlich ist:
der Stamm (bis zu 30 Meter breit) enthält Wasser
und schützt in der Steppe vor dem Verdursten.
Die spärlichen Blätter können gekocht,
die langen Früchte gegessen und der Samen geröstet werden.
Die Rinde und ihre Fasern dienen zur Bekleidung oder zur
Anfertigung von Seilen und Flechtarbeiten.
Für Eingeweihte dienen Samen, Blätter und Rinde auch als
Medikament.

Aber im Dunkel sehen wir diese Einzelheiten nicht.
Wir wissen um sie.
Das heißt, wir vertrauen,
das wir das, was wir benötigen, zur rechten Zeit erhalten.

Was wir aus dem Dunkel wachsen sehen,
ist die mächtige Krone des Geästes, fein gegliedert,

mit unzähligen Armen,
gleich zarten Wurzeln in die Höhe strebend.
Und gegen den leuchtenden Abendhimmel hebt sich jeder
Zweig bis ins letzte Glied deutlich ab.
Ein Meisterwerk schöpferischer Vielfalt
und Einheit zugleich.

Sinnbild des Menschen?
Symbol der Gemeinschaft?

Licht und Dunkel gehören zum Leben wie Tag und Nacht.
Denn erst, wenn das Samenkorn im Dunkel der Erde stirbt,
gebiert es Leben –,
welches sich fortwährend aus dem Quellgrund
der mütterlichen Erde ernährt.

Genauso nährt sich das Leben der Seele
An den Wassern der Gnade,
dank des einen Lebensbaumes,
welcher Himmel und Erde auf Golgatha verband
und den Bund Gottes mit der Menschheit
wunderbar erneuerte.

Bibliografische Information der Deutschen Nationalbibliothek
Die Deutsche Nationalbibliothek verzeichnet diese Publikation
in der Deutschen Nationalbibliografie; detaillierte bibliografische
Daten sind im Internet über https://portal.dnb.de abrufbar.

Verlagsgruppe Random House FSC® N001967
Das für dieses Buch verwendete FSC®-zertifizierte
Papier *Munken Premium Cream* liefert
Arctic Paper Munkedals AB, Schweden.

Die Autorin erklärt, dass die Schilderungen, Gedanken und Gespräche sowie Feststellungen in ihrem Buch ihre persönliche Meinung wiedergeben. Früher Erlebtes wird oft symbolhaft neu aufgegriffen und verarbeitet.

1. Auflage
Copyright © 2015 by Gütersloher Verlagshaus, Gütersloh,
in der Verlagsgruppe Random House GmbH, München

Dieses Werk einschließlich aller seiner Teile ist urheberrechtlich geschützt. Jede Verwertung außerhalb der engen Grenzen des Urheberrechtsgesetzes ist ohne Zustimmung des Verlages unzulässig und strafbar. Das gilt insbesondere für Vervielfältigungen, Übersetzungen, Mikroverfilmungen und die Einspeicherung und Verarbeitung in elektronischen Systemen.

Das Gütersloher Verlagshaus, Verlagsgruppe Random House GmbH, weist ausdrücklich darauf hin, dass im Text enthaltene externe Links vom Verlag nur bis zum Zeitpunkt der Buchveröffentlichung eingesehen werden konnten. Auf spätere Veränderungen hat der Verlag keinerlei Einfluss. Eine Haftung des Verlags für externe Links ist stets ausgeschlossen.

Umschlagmotiv: www.pixabay.com/MKDigital Art
Druck und Einband: CPI books GmbH, Leck
Printed in Germany
ISBN 978-3-579-08525-8

www.gtvh.de